Le Puy-en-Velay

⇓

Saint-Jacques-de-Compostelle

14 août – 23 octobre 2015
71 jours – 1530 km

Joëlle Thibaud

© 2016, Joëlle Thibaud
Edition : BoD - Books on Demand, 12/14 rond-point des Champs Elysées, 75008 Paris
Impression : Books on Demand GmbH, Norderstedt, Allemagne
ISBN : 9782322114696 - Dépôt légal : Octobre 2016

Mon premier Chemin de Compostelle, je l'ai effectué en 2012 en partant de chez moi.

J'ai emprunté le Chemin Vendéen pour rejoindre, à Saintes, la Voie de Tours jusqu'à Saint-Jean-Pied-de-Port, puis le Camino francés jusqu'à Santiago de Compostela.

Je suis partie de Bouaye avec Monique, ma belle-sœur. Une fracture de fatigue au talon et une tendinite à un genou l'ont contrainte à abandonner le Chemin à Gradignan (près de Bordeaux).

J'ai continué seule et suis allée jusqu'au bout. Je suis rentrée chez moi heureuse et comblée par ce Chemin. C'était une expérience unique et forte.

Deux années se sont écoulées, le Chemin était toujours très présent en moi.

Puis, l'envie de repartir a commencé à poindre. Monique, qui était très déçue de n'avoir pu aller jusqu'au bout, m'a aidée à prendre la décision de refaire le Chemin de Compostelle avec elle mais, cette fois-ci, par la Voie du Puy-en-Velay.

Alors que ma décision de partir était prise, un problème d'épaule est venu m'embêter. Il fallait trouver une solution. Après quelques recherches sur Internet, j'ai opté pour l'achat un chariot. Mon choix s'est porté sur le « Carrix ». En voici la description :

Composé d'un harnais auquel s'accroche un chariot ingénieux, il permet de reporter la quasi-totalité du poids du sac à dos sur la roue, soulageant ainsi les jambes et surtout le dos. Sa maniabilité et sa stabilité sont surprenantes au bout d'un petit temps d'apprentissage. De plus, le Carrix a été étudié avec des critères de solidité et de fiabilité extrêmement exigeants, permettant une utilisation intensive sur tous terrains, même très accidentés.

Quand un passage devient trop engagé, voire aérien, il est possible d'enfiler le sac en quelques instants sans l'enlever du Carrix, ni démonter ce dernier.

Lors des phases de transit (gares, aéroport, etc.) le Carrix est utilisé comme un chariot à pousser, une fois les bras de tirage repliés. Le Carrix est un matériel très léger, entièrement pliable en quelques instants.

L'apprentissage s'est fait sur le parcours de Roche-Ballue, près de chez moi, où il y a quelques petites montées et descentes dans du rocher et des passages délicats tels que passerelles, escaliers et grandes marches de différentes hauteurs. Ce n'était pas évident mais je n'avais pas le choix, le Chemin, c'est avec le Carrix ou il ne se fait pas.

Avec cet engin, je fus l'attraction du Chemin, comme vous le lirez plus loin.

Plusieurs personnes de ma famille ou de mes ami(e)s, ont émis le désir de me suivre tout au long de ce Chemin et m'ont demandé de leur donner de mes nouvelles.

J'ai opté pour des envois réguliers (texte et photos) par l'intermédiaire de Twitter

J'ai mis en application cette formule juste avant mon départ pour m'assurer que cela fonctionnait bien.

Voici les premiers messages que j'aie reçus en retour et qui m'ont bien encouragé pour le grand départ.

Bonjour Joelle

Ça ne m'a pas beaucoup surpris ce projet de nouveau chemin. Tu as tellement apprécie ton premier, malgré la déception de devoir le faire seule, les piqures (n'oublie pas la petite nappe!), les chutes, les maux de pieds...Tu as tout le courage qu'il faut pour ce nouveau défi. Je t'y suivrai avec intérêt, quels beaux souvenirs on a en commun... Buen camino, je vais penser à toi.

Ma sœur et moi avons fait 10 jours de rando itinérante du Puy-en-Velay à Conques. 10 jours merveilleux du 21 juin au 2 juillet. On a adoré... je t'envie. Je te souhaite de réussir ce périple avec ta belle-sœur. Nous préparons la suite pour l'année prochaine. Le chemin de Compostelle est une vraie drogue. Quand on a commencé on ne rêve plus que de repartir. Bises

Je te trouve formidable de repartir ainsi pour un si grand voyage. Je ne sais pas si tu referas ton petit livret, mais j'ai beaucoup apprécié la lecture de celui de ton premier voyage. Je pense que tu tiendras compte des aléas du premier voyage pour perfectionner le second. C'est sacrément long ! Quelle belle expérience.
Malheureusement, je ne suis ni face book ni twitter. Je te suivrai donc par la pensée. Ce sera encore un parcours plein de rencontres et de moments forts, passant par des hauts et des bas (je n'espère pas trop).
Bonne route à vous, bon courage. Je t'embrasse et je t'envoie un peu d'énergie, tu pourras te brancher sur "ma batterie" pour t'aider à marcher quand le moral sera un peu moins bon, tu sauras que je pense à toi. Bises,

Je suis admirative de ton nouveau départ.... Bon courage, ... je serais ravie que tu m'emmènes sur la route avec toi... pour t'encourager d'abord, pour t'accompagner, pour prier avec toi ensuite. Merci de me porter, ainsi que mes enfants dans tes prières.
Bon chemin ! Je penserai à toi, je veux bien de tes nouvelles...

Je repense à ce qu'on a vécu en journée pastorale du pays de Retz en juin où tu es venue témoigner. Je suis sûre que ce nouveau départ, ce nouveau pèlerinage, sera encore plus intense que le premier.

Mon ordi est réparé juste à temps pour recevoir ton message et t'envoyer une grande brassée d'amitié, de soutien et de bises !

Tu sais que je le trouve élégant ce Carrix, quand je pense que tu me l'avais décrit comme une brouette !!
Trêve de plaisanterie ... Avec toi par la pensée sur le Chemin et le meilleur pour vous deux
On vient de voir la photo de la pèlerine harnachée ! Bon vent pour cette nouvelle aventure...

CHAPEAU Joëlle ! Nous sommes fiers de toi !
Le Carrix sera la grâce de cette année ....

Nous sommes avec vous par la pensée, je vois que vous avez investi dans du matériel de transport. La région de Lauzerte, Moissac, Auvillar, Lectour, Condom je connais pour y être passé d'innombrables fois pour mon travail.
Nous vous souhaitons bons pieds, bonne allure une foi inébranlable et beaucoup de courage.

Je pense bien à toi en cette veille de départ. Je te porterai dans mes prières comme tu me porteras dans les tiennes...
Je te souhaite bon, très bon, courage, de belles rencontres surtout, une belle forme physique qui te permette d'avancer au rythme que tu le souhaites.

Bon courage ma Jojo et bon chemin, avec toute mon admiration et mon amitié

Jeudi 13 août - Bouaye / Le Puy en Velay par le train

Lever à 5h15 et départ pour la gare de Nantes. Il ne faut surtout pas rater le départ... And m'accompagne jusqu'au train. Première petite émotion lors de l'au revoir sur le quai....

C'est un train à deux niveaux, nous sommes à l'étage, le Carrix monte sans problème.

Aidées de nos livres-guides, nous cherchons les possibilités d'acheter ou de prendre nos premiers repas. Pour l'instant, la marche ne nous préoccupe pas, "le boire et le manger" nous paraît plus important.

Premier contretemps..... A l'arrivée à Lyon notre train a pris 38 minutes de retard, nous ratons notre correspondance pour le Puy-en-Velay. Prochain train à 15h05 : 3 heures d'attente et une arrivée à 17h20 au lieu de 14h28 initialement. Pour le coup, nous avons grandement le temps de manger. Nous trouvons une bonne place dans la gare au frais – dehors il fait 31 degrés –. Nous dégustons nos sandwichs tout en appréciant l'excellente musique que joue pour nous un pianiste amateur.

Voie C nous attend notre ange. Elle s'appelle Sœur Colette et habite à la Maison Saint François au Puy-en-Velay, notre gîte pour ce soir. Nous voyageons en sa compagnie. Elle nous fait profiter de son expérience du trajet ainsi que de la voiture qui l'attend à la gare. Dix minutes plus tard, nous sommes au gîte et.... notre ange disparaît.

A la Maison des Pèlerins du Puy, nous sommes accueillies par des bénévoles du Chemin. Autour d'un kir, nous faisons la connaissance de pèlerins, qui comme nous, attaquent la première étape demain matin.
Petit tour au LIDL pour l'approvisionnement de ce soir et de demain. 20 h arrivent très vite, il faut encore faire notre lit, prendre notre douche et préparer notre dîner.
Il est 22 h lorsque je m'allonge sur mon lit...

La journée a passé très vite et d'une manière très calme sans énervements pourtant possibles.

Vendredi 14 août – Le Puy en Velay / Montbonnet

7h Messe à la Cathédrale avec l'évêque du diocèse. Il assure aussi la bénédiction des pèlerins d'une manière très détendue et très sympathique. On nous remet une médaille de Saint-Jacques ainsi qu'une intention de prière et un chapelet en plastique blanc, moche (comme le dit l'évêque) mais qui a le mérite d'être léger. Puis c'est la descente des 120 marches de la Cathédrale décorées à l'occasion du 15 août. Tout va bien avec le Carrix, je fais une forte impression. Un pèlerin avec un sac à dos, ça n'intéresse personne, mais une pèlerine avec un Carrix, c'est moins banal : j'ai l'impression que tout le monde veut me prendre en photo.

Nous traversons le Puy et prenons la route de Saint-Jacques-de-Compostelle (1.522 km indique une pancarte).
La route grimpe assez vite avec une belle vue sur la ville. Nous marchons en compagnie des pèlerins rencontrés à la Maison des Pèlerins la veille : Sinsayd et Laurence, un couple de Québec, et d'autres qui nous dépassent très vite.

Alors que Sinsayd reste indépendant, Laurence à l'air de vouloir nous suivre. La québécoise s'arrête souvent, un jeu de dépassement s'installe très vite. En fait, elle a mal au dos, son sac est trop lourd. Elle aura du mal à atteindre Saint-Privat, terme prévu de son étape de 23 km. Nous la perdons de vue puis soudain, dans la matinée, elle nous dépasse avec son compagnon de route. Elle n'a plus son gros sac, seulement un tout petit avec une bouteille d'eau. *"J'ai trop présumé de mes forces"* nous dit-elle. Elle a des amis au Puy-en-Velay qui sont venus lui enlever son fardeau.

Laissant Sinsayd partir à son allure, Laurence se décide à voyager avec nous. Elle a vraiment envie de parler et elle engage avec Monique une longue conversation qui se poursuivra jusqu'à Montbonnet. Je marche devant avec mon Carrix. Tout va bien.

Le Chemin est bien balisé grâce au symbole de la coquille Saint-Jacques et aux repères blancs/rouges du GR 65. Il longe des routes, des petits chemins ruraux, des passages à travers champs et des sentiers de randonnée à travers prés et hameaux avec des montées faciles en général mais parfois très raides.

Juste avant l'arrivée à Montbonnet, nous nous arrêtons à la petite Chapelle Saint-Roch. Là nous attend un prêtre, accompagné d'un laïc, qui nous raconte l'histoire de Saint-Roch, le saint patron des pèlerins :

« À sa majorité, il distribua tous ses biens aux pauvres et partit en pèlerinage pour Rome,

Il s'arrêta dans plusieurs villes d'Italie atteintes par la peste et s'employa à servir les malades dans les hôpitaux.

Roch finit par attraper lui-même la maladie et il se retira dans une forêt près de Plaisance pour ne pas infecter les autres. Seul le chien de chasse du seigneur du voisinage vint le nourrir en lui apportant chaque jour un pain dérobé à la table de son maître. Ce dernier, intrigué par le manège de l'animal, le suivit en forêt et découvrit le saint blessé, qu'il put ainsi secourir. Saint-Roch est généralement représenté avec son chien (Saint Roquet, d'où le terme de roquet pour désigner un chien), dont il est inséparable, d'où l'expression, pour parler de deux personnes qui en se quittent jamais : « c'est Saint-Roch et son chien ».

Selon la légende, il revint dans sa patrie vers l'âge de trente ans, guéri mais défiguré par les mortifications qu'il avait subies. Personne, pas même son oncle devenu gouverneur de la ville, ne le reconnut. Il fut pris pour un espion et jeté au cachot. Par humilité, il y demeura incognito et périt de misère, ses concitoyens ne s'étant rendu compte que trop tard de leur méprise. C'est en effet à sa mort qu'ils découvrirent, sur son corps, une marque de naissance en forme de croix. »

Quelques centaines de mètres après la Chapelle, nous sommes à Montbonnet - notre étape d'aujourd'hui - et la fin de nos 16 premiers kilomètres.

Gîte de l'Escole : sur la porte du grand portail une affiche indique que le gîte ouvre à 15h00. Il est 14h15 – ¾ h à attendre dans la rue, sur le trottoir -. J'essaie d'ouvrir, la porte n'est pas fermée, nous entrons dans le jardin. Sinsayd est déjà installé sur une chaise. Nous le rejoignons et, avec grande hâte, j'ôte mes chaussures et enfile mes Crocs.

A 15h00 le portail s'ouvre. L'hospitalière entre et s'étonne grandement de nous voir.
« Qui vous a permis d'entrer ? C'est chez moi ici ! Vous ne manquez pas de toupet ! » Et de continuer de nous réprimander. Comme accueil on ne fait pas mieux ! Je lui propose qu'elle nous donne une punition à faire ….
Le gîte porte bien son nom, il est dirigé d'une manière très scolaire, très catégorique et très sèche. Dommage que j'aie retiré mes chaussures et que je me sois déjà installée « dans ma tête », sinon j'aurais repris la porte dans l'autre sens !

Nous serons sept pèlerins ce soir dans le gîte. Un couple d'Allemands, Ulrich et Roswitha, Sinsayd, Laurence, Lionel, un jeune qui arrivera vers 19h00, Monique et moi. Lionel est parti de chez lui, à Caen ce matin, par covoiturage ; arrivé au Puy-en-Velay en début d'après-midi, il s'est engagé tout de suite sur le Chemin.

Samedi 15 août – Montbonnet / Monistrol d'Allier

Au réveil, Monique découvre entre son matelas et son plastique de protection, horreur ! quatre ou cinq punaises de lit... Nous en informons notre "charmante hôtesse" qui nous dit que ce lit était en « haute surveillance ». Elle aurait pu prévenir ....

Nous partons à 8h avec Laurence.
Petit chemin de randonnée qui monte légèrement puis descend en pente douce à travers champs.
Rencontre d'Astrid, une jeune fille de Rouen qui va jusqu'à Conques. La conversation s'engage sur l'expérience de mon Chemin de 2012. Elle est très intéressée.
Nous traversons de charmants villages dont tous les corps de ferme et les maisons, grandes et belles, associent la pierre blanche et la pierre volcanique de couleur grenat. Je trouve cela magnifique. La dernière partie du chemin, dans les gorges de l'Allier, est en descente très raide dans des sentiers étroits avec cailloux et racines, belles pierres et gros rochers. Dur, dur. Mon Carrix en reste marqué !

Etape de 14,5 km seulement, mais ce n'est pas tout plat !

Nous arrivons au camping Le Vivier qui fait également gîte. Laurence installe sa tente, avec la permission téléphonique de la gérante. Nous faisons le tour du camping mais ne trouvons pas le gîte. Nous prenons notre douche et lavons notre linge. L'accueil du camping ouvre ses portes, on nous apprend que le gîte se trouve en haut du village. Il nous faut refaire nos sacs à dos, nous rechausser et grimper jusqu'au gîte. Quelle galère ! Mais l'accueil est tellement plus agréable que celui de la veille qu'il nous fait oublier tous ces petits tracas. Le gîte est une grande bâtisse communale sans attrait particulier. Là encore il faut descendre nos sacs et chaussures au sous-sol et remonter nos affaires personnelles dans des bacs en plastique noirs (ça s'améliore...). Nous ne sommes pas seules, une pèlerine est déjà là. Une fois installées, nous redescendons au camping. Je m'attable devant une bonne bière fraîche. Nous dessinons nos futures étapes et téléphonons pour réserver nos gîtes futurs. Pour le dîner, que nous prenons au camping, je prends un bon steak du pays avec frites, accompagné d'un verre de vin. A la table d'à côté, deux pèlerines, une maman et sa fille ; elles sont Belges. Cette nuit, elles dorment à l'hôtel.

Laurence nous raccompagne, nous papotons dehors et la pèlerine nous rejoint. Karen est allemande. Elle me demande de lui trouver un gîte pour demain, elle a du mal à s'exprimer en français. Je sors donc mon téléphone et la dépanne. En remerciement, nous avons droit, en soirée, à un mini concert de flûte. Très sympa.

Je dors très mal, j'angoisse quand je pense à l'étape de demain qui s'annonce redoutable. Si les sentiers de montée sont du même acabit que ceux de la descente d'aujourd'hui, avec le Carrix, je n'y arriverai pas.

Dimanche 16 août – Monistrol d'Allier / Saugues

Cette nuit pendant ma longue insomnie, j'ai décidé de ne pas couvrir mon sac à dos du sac poubelle pour laisser les bretelles libres afin que je puisse le porter en cas de grosses difficultés et je demande à Monique de porter la moitié du pique-nique.

Apres un passage à la boulangerie-épicerie, nous prenons la route. Ça monte bien avec des sentiers très caillouteux ; c'est dur mais ça passe. Une très belle vue sur Monistrol d'Allier. Passage devant la Chapelle de la Madeleine, nous ne nous arrêtons pas (dommage nous dit-on) car juste après le chemin gravit une pente très ardue, objet de mon angoisse. Des madriers en bois permettent de progresser à l'endroit le plus raide. J'en ai plein les bras, je dois faire un gros effort à chaque madrier pour aider le Carrix à passer l'obstacle.

Ouf ! Maintenant c'est du gâteau et je le déguste, l'angoisse s'est envolée. J'apprécie le paysage ; d'abord un joli sentier qui serpente tout en montant régulièrement dans une très belle forêt puis qui longe les champs et les prés avec un panorama large et découvert sur la Margeride. Nous rencontrons un grand troupeau de moutons, un bélier à grandes cornes avec ses petits, des cochons tout roses qui sortent d'une porcherie construite en pierres du pays, un petit veau qui s'est évadé de son pré et qui ne sait comment faire pour retrouver sa mère nourricière. Finalement, sa maman s'est approchée de la clôture en barbelés et le petit veau a pu atteindre les pis.

Je prends le temps de vivre le paysage, de me plonger dans mon intériorité, dans le silence, la disponibilité, la curiosité, l'inutile !

Nous traversons de minuscules villages tout endormis, avec des bâtisses en pierres toujours aussi belles. Arrêt a

Rochar chez Josie pour déguster sa tarte aux myrtilles. Succulente. Nous arrivons, sans nous presser à Saugues [1] (étape de 12 km seulement). Nous laissons Laurence à son gîte puis filons vers le nôtre, un "donativo" (on donne ce que l'on veut financièrement). Très bon accueil. Autour d'un verre, nous discutons du Chemin. Les hospitaliers l'ont déjà fait et nous partagent leur vécu : gîte, rencontres, difficulté des sentiers etc.

Le gîte «A la Croisée des Chemins» est très propre, bien conçu, confortable et agréable. C'est super. Nous sommes au complet : trois jeunes hommes qui ne communiquent pas avec les autres et un papa avec ses deux filles franco-russes, Anastasia et Isabelle, qui dorment avec nous. En soirée, nous discutons avec le papa.

Les trois jeunes sont sortis dîner à l'extérieur, l'un deux a fait tomber son portefeuille sous la table, je le découvre et le mets sur un des lits de leur chambre. Il a dû s'inquiéter au moment de régler son repas. Ils rentrent un peu tard, ils ne sont pas très discrets.

Lundi 17 août - Saugues / La Roche-de-Lajo

Nos hôtes nous offrent le petit-déjeuner. Nous nous retrouvons tous ensemble autour d'une grande table et apprécions ce moment de partage. Je suis à côté des trois garçons : Alexandre Antoine et Thomas. Ils sont plus bavards qu'hier soir. Je leur parle du portefeuille. C'était celui d'Antoine qui ne s'est pas inquiété pensant qu'il l'avait laissé sur son lit. Il me remercie.

---

[1] Saugues, ville de province aujourd'hui paisible, a été autrefois un lieu de terreur avec la fameuse Bête du Gévaudan

Il y a beaucoup de monde aujourd'hui sur le Chemin. Mon Carrix ne passe pas inaperçu et on me bombarde de questions. Je rencontre un pèlerin qui marche en sens inverse; il est parti mi-avril, est allé jusqu'à Saint Jacques-de-Compostelle et en revient..... Il est de Vertou et connaît bien Bouaye. Il me parle d'un pèlerin qu'il a croisé et qui avait, lui aussi, un chariot à deux roues, pour transporter son sac. Les roues se sont brisées et il a dû laisser son chariot sur place et continuer sans. Il pense que j'aurai du mal sur les sentiers d'Espagne. Mais grâce de mon expérience passée, sa remarque ne m'inquiète pas ; les sentiers du Camino Francès n'ont pas de difficultés techniques majeures, seulement d'interminables longueurs.

L'étape est un peu longue, 26 km, avec pas mal de montées vers les hauts plateaux solitaires de la Margeride. On rencontre de temps en temps des petits bois plus ou moins denses.

Le parcours nous fait passer par le gîte "Le Sauvage". Le Conseil Général a acheté ce gîte et a détourné le GR 65 pour que l'on y passe obligatoirement. Pour nous c'est un crochet inutile de 4 km.

Nous arrivons à la Chapelle Saint-Roch (encore une autre !) à la limite des départements de la Haute-Loire et de la Lozère. C'est l'un des points culminants du Chemin de Saint-Jacques français (col de l'Hospitalet : altitude : 1.304 m) Après une petite pause, nous nous dirigeons vers la chapelle. Un gardien est là à l'entrée, il discute avec nous et sa voix résonne fort. Une pèlerine, qui était à l'intérieur à se recueillir, vient fermer la porte brutalement. Je ne suis pas étonnée de sa réaction !

A mon grand étonnement, j'apprends que certains pèlerins s'arrêtent à cet endroit et téléphonent au gîte pour que l'on vienne les chercher.... Ça été le cas ce soir. Un jeune couple se disant fatigué, a obligé l'hospitalière à se déplacer alors qu'elle était en pleine préparation de repas.

Après 3 ou 4 km, nous arrivons au Gîte « La Bergerie de Compostelle ». Tout neuf, super propre. Nous y retrouvons Laurence qui a pris ce matin la « Malle postale » (taxi pour pèlerins) et est arrivée dès 9h.

Copieux et bon diner pour notre grande tablée : des jeunes en couple, un Hollandais, une Allemande. Soirée bien animée. Notre hospitalière nous dit que certaines fois le dîner est silencieux, personne ne se parle. Ce n'est pas le cas aujourd'hui ce qui la réjouit. Du coup, elle nous partage les restes, trois pèlerins annoncés n'étant pas venus. Nous avons à peine terminé les restes que ces fameux pèlerins arrivent (ils auraient pu prévenir de leur retard). Ce sont trois filles rencontrées dans la journée. L'une d'elles, à la pause de 10h00, m'avait demandé d'essayer mon Carrix. Je ne sais pas ce qu'elles ont pu faire pour être si en retard ! L'hospitalière est obligée de leur préparer à nouveau à manger !

Mardi 18 août – La Roche-de-Lajo / Aumont-Aubrac

Etape de 21,5 km avec des passages difficiles pour mon chariot : sentiers où s'accumulent grosses pierres, racines et ornières et une descente très raide en forêt.

Au cours de l'étape, à plusieurs reprises, je rencontre Alexandre, Antoine et Thomas. A chaque fois je discute avec l'un ou l'autre et nous faisons un peu plus connaissance. Le soir au gîte « La Ferme du Barry », la discussion se poursuit, ces garçons sont étonnés de me voir avec portable wifi, twitter et autres. Alexandre doit me laisser en cadeau son sifflet ultrason « pour faire chasser les chiens », me dit-il. Il va le cacher à l'intérieur de l'abbaye de Conques et m'enverra une énigme par SMS pour le retrouver.

L'hospitalier a besoin de sa cuisine pour confectionner ses repas pour les demi-pensions et il ne peut donc nous la laisser avant 21h00. Aussi, Monique et moi, nous dînons dehors un repas froid alors qu'à l'intérieur tout le monde déguste de l'aligot plat « historique » de l'Aubrac.

Je me serais bien jointe à eux car bien souvent le repas du soir prolonge la rencontre esquissée dans la journée. Il nous faut cependant tenir notre budget. Si j'avais été seule, et connaissant ma nature dépensière, j'aurai probablement succombé à la tentation car ces échanges, ces moments de convivialité sont le but de ce Chemin pour moi cette année : Compostelle : Chemin de rencontres….

Au cours de notre dîner, la pluie se met à tomber. Nous ramassons vite notre linge et courons prévenir tous les autres pèlerins. Ils nous remercient vivement. Quand on est pèlerin, le lavage et le séchage du linge sont les préoccupations primordiales de la soirée. C'est beaucoup plus agréable de remettre des vêtements propres et secs le lendemain matin à l'aube.

Mercredi 19 août – Aumont-Aubrac / Finieyrols

Aujourd'hui, nous abordons le plateau de l'Aubrac, la partie la plus au sud du complexe volcanique du Massif Central.
Belle étape par des sentiers de randonnée et des petits chemins ruraux empierrés et parfois asphaltés.
Le paysage est plat et ouvert avec des petits murs en pierre et des pâturages pour les bovins,

Maude, rencontrée hier soir au gîte où elle était restée deux nuits, s'est jointe à nous aujourd'hui. Je marche avec elle, Monique et Laurence nous suivent au loin.
Bien sûr, comme l'habitude sur le Chemin, notre conversation devient très vite plus personnelle. En se dévoilant l'une à l'autre, chacune peut se découvrir un peu plus elle-même. Et c'est parfois surprenant.

J'ai à nouveau rencontré Alexandre, et, pour la dernière fois, il m'a montré le sifflet qu'il doit cacher pour moi à Conques. Lui et ses camarades marchent vite, ils arriveront à Conques un jour avant nous. Le sifflet sera-t-il toujours dans sa cachette ?
Le gîte « Les Gentianes » est agréable. Laurence Monique et moi sommes dans la même chambre dans l'annexe. Le reste des chambres est occupé par trois familles qui font le tour de l'Aubrac, comme la majorité des marcheurs que l'on rencontre par ici.

Avant le dîner, je m'offre une bière artisanale aux céréales d'Auvergne (châtaigne et gentiane). C'est une bière ambrée qui s'appelle « Antidote ». Elle est excellente. Je ne suis pas seule à le dire ; à la table voisine, ils sont tous de mon avis.

Jeudi 20 août – Finieyrols / Aubrac

La traversée de l'Aubrac est magnifique avec des vastes étendues de pâturages à perte de vue.

Des beaux troupeaux de vaches paisibles qui nous regardent passer, des sentiers herbeux, des petits murets en pierre, des petits villages très pittoresques avec de belles maisons en pierre, des fours à pain, des fontaines. Tout ça est un régal pour les yeux.

L'arrivée à Aubrac est marquée par la « Tour des Anglais » (1353) une grande tour carrée avec une église qui la jouxte. C'est notre gîte. Très original mais bien peu confortable. Les douches et WC sont en bas. Nous accédons à notre dortoir par un escalier en colimaçon.

Nous sommes au 1er étage. Le 2ème étage c'est un autre dortoir et le 3ème étage c'est une cuisine très austère.

Nous allons faire un tour dans le village et nous nous régalons avec la grosse part de tarte à la myrtille de « Chez Germaine », très réputée sur le Chemin.

Dans notre dortoir je fais la connaissance d'Hubert, un Canadien. Je suis tout heureuse d'entendre son accent, je me crois sur le Chemin de 2012 avec « mes » Québécois Daniel & Danielle. Sa femme est hospitalière, pour une semaine, à Estaing dans le gîte Donativo. Pendant ce temps, il fait quelques étapes du Chemin jusqu'à Estaing. Puis, il marchera avec elle un certain temps avant de la laisser continuer seule.

Dans la chambre il y a aussi une autre fille, une grande brune qui ne nous adresse ni la parole, ni un regard. Nous l'avons vue à la terrasse de « Chez Germaine » seule, occupée à écrire.

Vendredi 21 août – Aubrac / Saint-Côme-d'Olt

Lever plutôt ardu dans notre tour carrée peu confortable. Enfin tout se fait et nous partons à 7h04 pour une étape de 26 km. La longue descente - 500 m de dénivelé – par des sentiers de randonnée cailouteux est une épreuve sévère pour les jambes et notamment pour les genoux.

Hubert le Canadien nous rattrape et nous demande de le prendre en photo. Nous échangeons nos appareils.
Après la pause du matin, Laurence commence à ralentir, ses pieds lui font de plus en plus mal. Elle ne pense pas pouvoir aller jusqu'à la fin de l'étape. Maintenant, nous savons comment faire et nous téléphonons au gîte pour demander de l'aide mais nous n'obtenons qu'un numéro de taxi.
Je file devant et arrive au village l'Estrade. Je m'adresse à un jeune garçon qui vend des coquilles Saint-Jacques peintes. Il va chercher son grand père, très bel homme, qui se propose de conduire jusqu'au gîte Laurence, nos sacs à dos et le Carrix.
Mais d'abord, nous pique-niquons dans une petite grange aménagée d'un four à pain et décorée d'ustensiles de ferme. Une table est dressée en son milieu avec boissons fraîches, café, thé que nous pouvons déguster pour 1 euro le verre. C'est bien apprécié.
Laurence monte dans la voiture du pépé qui a mis ses vêtements du dimanche pour l'occasion.

A partir d'Estrade, le Chemin descend constamment jusqu'à la Vallée du Lot par des sentiers quelque fois bien raides. Monique et moi marchons à vive allure, allégées de nos sacs et du Carrix.

Nous entrons à Saint-Côme-d'Olt par l'une des trois portes de la ville : ruelles étroites, placettes, anciennes résidences et maisons d'habitation des 15ème et 16ème siècles. Notre gîte communal, très beau, se trouve dans le mur d'enceinte de la ville. Il est tenu par un jeune couple sympa, dont le mari est Québécois. Laurence nous y attend, elle nous a réservé des lits en bas.

Nous prenons l'apéro pour le départ de Laurence - premier verre de vin depuis mon départ - c'est spartiate le Chemin. Nous dînons avec une famille nombreuse ; le papa, Didier – céréalier près de Disneyland – et ses quatre enfants dont l'âge s'échelonne entre le collège et la 3ème année de médecine (il a aussi deux aînés : un garçon pompier de Paris et une fille orthophoniste) Ils font partie de la Communauté du Chemin Neuf. Demain ils dormiront également dans le même gîte que nous.

Ce soir, il y a la fête au village ; le podium est installé sur la placette juste à côté du gîte. La musique s'arrête vers minuit mais elle est suivie d'une fanfare qui claironne jusqu'à 3h00 du matin. Ensuite une bande de jeunes vient papoter sous notre fenêtre jusqu'à 4h du matin ! Je n'ai malheureusement pas de boule « Quies », en remplacement, je mets mes deux petits doigts dans chacune de mes oreilles, c'est efficace mais pas très confortable. Je dors mal et très peu ; le réveil sonne à 6h00 !

Samedi 22 août – Saint-Côme-d'Olt / Estaing

Le guide indique : « *Après Saint-Côme-d'Olt, montée sur un sentier très boueux et glissant – mieux vaut plutôt continuer tout droit sur la route dans la Vallée du Lot* »
Avec mon Carrix, pas d'hésitation possible, nous prenons la route jusqu'à Espalion (4 ou 5 km)

Juste après la pause de 10 h, un passage très ardu et inattendu. Le guide signale « petite montée raide » mais il oublie de mentionner qu'en plus le sentier est fait de marches très hautes, d'énormes pierres et de grosses racines. Jean-Pierre, que nous avions rencontré à la pause, m'aide en soulevant le Carrix par l'arrière. Le pauvre, il porte tout le poids.... Bientôt il n'en peut plus et s'arrête, trempé de sueur. Je continue seule et j'en bave, bien que le plus dur soit passé, je casse un mousqueton qui sera réparé plus tard à Estaing par un jeune pèlerin qui me réclame une bise de remerciement. Un peu plus tard un autre pèlerin me propose un mousqueton qu'il a trouvé sur le sentier, « *je suis content de m'en débarrasser* » me dit-il.
Je suis vraiment aidée sur ce Chemin !
Il faut dire qu'entre pèlerins, on se croise, on se salue, on échange un sourire, une remarque, des informations sur le sentier, notre destination etc. et nous sommes d'emblée dans une reconnaissance mutuelle ; c'est un univers de réciprocité.

Nous arrivons à Estaing par le pont des pèlerins construit en 1520. Sur le pont, statue de François d'Estaing, enfant du pays et évêque très vénéré de Rodez.
Les maisons d'Estaing se blottissent les unes contre les autres dans les petites ruelles autour de l'ancien château

de la famille d'Estaing, autrefois très influente dans la région.

Au gîte « Hospitalité Saint-Jacques », je retrouve Hubert le Québécois avec sa femme. Il m'a inscrit sur sa liste pour recevoir de ses nouvelles et me demande d'en faire autant.
La fille très renfermée du gîte de la Tour des Anglais est là aussi, toute souriante. Elle s'appelle Valentina, elle a trouvé un compagnon de route, Eike, un Allemand. Hier déjà elle m'avait dépassée en me faisant un grand sourire.
La maman belge et sa fille sont là aussi avec des problèmes de genoux et de pieds, elles vont se faire transporter demain, elles voudraient aller jusqu'à Figeac. Elles ont les mêmes symptômes d'irritation aux jambes que j'avais eus en 2012. J'avais résolu mon problème avec des chaussettes de contention, ce n'est pas esthétique mais efficace !

Une des hospitalières bénévoles est de Rezé, elle travaille aux « Orphelins d'Auteuil » aux Couëts et nous sommes heureuses de parler avec une « payse ».

Dimanche 23 août – Estaing / Le Soulié

Le Chemin traverse un relief vallonné avec des forêts, des pâturages, des prés, des hameaux et des villages.
Nous essuyons notre premier orage. Nous sommes sur une petite route bordée de grands arbres, les éclairs zèbrent le ciel, nous ne sommes pas très fières. Aucun abri en vue, nous sommes obligées de continuer de marcher sous une pluie battante. Je nage dans mes chaussures. J'ai pris mes chaussettes de contention aujourd'hui pour la première fois et j'ai bien fait, elles ont l'avantage de sécher vite.

Le sentier proposait des raccourcis dans la forêt, Monique les prend moi je préfère continuer la route, les grosses pierres qui encombrent le chemin, je connais déjà ! Cela fait des kilomètres en plus pour moi mais c'est moins « galère ». On se perd, on n'a pas de réseau téléphonique, mais on finit quand même par se retrouver.

Première rencontre d'un autre Carrix. C'est un Allemand, Andréas, qui le traîne. Il a, sur le chariot, le sac Carrix de 23 kg (limite) et un gros sac à dos sur son dos. Il vient de chez lui et va jusqu'à Compostelle et peut-être plus loin après. Nous nous racontons des histoires de Carrix : lui aussi, il n'est pas près d'oublier le sentier très raide avant d'arriver à Estaing.

C'est dimanche, les commerces ferment à midi et nous arrivons trop tard pour faire nos courses. Mais heureusement, dans le village, il y a une Auberge. Comme il pleut toujours, nous sommes très contentes de pouvoir laisser nos ponchos s'égoutter à l'extérieur et d'y entrer au chaud et à l'abri.

Un bon plat de lasagne avec une salade verte, un verre de vin rouge, un café et c'est reparti pour les 6 ou 7 km qui nous conduiront au Soulié.

Dans le gîte « Accueil St Jacques » je retrouve les deux personnes du Puy-en-Velay, Marie-Rose et Roselyne, rencontrées hier. Elles terminent leur parcours demain à Conques. Elles ont déjà fait le Chemin par étapes jusqu'à Compostelle, il ne leur manquait que le trajet Puy-en-Velay/Conques. Cette ville est vraiment une étape importante, beaucoup de pèlerins rencontrés depuis le début s'arrêtent là. Nous verrons sans doute de nouvelles têtes à partir de demain.

Nous retrouvons aussi Didier et ses quatre enfants. Ce soir, l'une de ses filles est malade.

L'orage est passé et il ne fait pas froid, nous dînons dehors. L'ambiance est bonne et le repas aussi. A côté de nous, dans le four cuit du bon pain pour notre petit déjeuner.

Après le repas, nous allons tous à la Chapelle pour un temps de partage et de prière avec cinq Allemands, une dizaine de Français et les hospitaliers. Le propriétaire nous raconte l'histoire, peu banale, du gîte.

« Avec quelques amis, il projette de construire un gîte dans le village. Mais bien vite, les ennuis s'accumulent : problèmes de terrains, déboires administratifs et financiers…. les amis actionnaires abandonnent le projet les uns après les autres. Le gîte ne se fera pas. Quelque mois plus tard, à sa grande surprise, le propriétaire hérite d'une maison entourée d'un vaste terrain ainsi que d'une belle somme d'argent. Cadeau inattendu. Que va-t-il faire de tout ça ? Pour y réfléchir il prend quelques jours de congés au bord de la mer. Et un soir, alors qu'il est tout seul sur la plage à rêver devant l'océan, un caillou lui tombe dans la main. Ce caillou à la forme d'un soulier… et la maison dont il a hérité se trouve à Le Soulié ! Caillou, maison, soulier, ses idées s'éclaircissent : il ouvrira un gîte. »

Il nous montre ce fameux caillou, peint en rouge et noir, qui bientôt passe de main en main.

Le temps de prière terminé, nous allons tous faire la vaisselle.

Bonne journée malgré la pluie. Je me surprends à ne pas râler contre les montées et les descentes continuelles comme ce fut le cas en 2012.

J'accepte le Chemin tel qu'il est, avec ses hauts et ses bas. On part, on s'arrête, on repart, rien ne gêne, rien ne retient. Le Chemin est un lieu où l'on se détache des schémas conventionnels pour accepter l'inattendu.

Lundi 24 août – Le Soulié / Conques

Nous partons ce matin avec la pluie. Pour éviter des sentiers glissants du départ, nous prenons la route. Nous retrouvons bientôt le GR 65 alors que la pluie ne tombe plus que par intermittence.

Tous les pèlerins se retrouvent à la petite supérette d'un village, la seule possibilité d'approvisionnement de l'étape : la gérante ne s'y trompe pas, les prix sont plus chers que le marché. Le village est équipé d'un bel espace de pique-nique, mais il se remet à pleuvoir. L'abri de bus est le bienvenu. Nous nous y installons pour nous reposer et pour ranger nos achats dans le sac à dos que nous emmaillotons de sacs plastiques. Le papa et ses quatre enfants profitent avec nous de l'abri. Un peu plus haut, un bel abri pour pèlerins nous attendait, nous sommes contentes de profiter de ses toilettes.

La descente abrupte sur Conques étant rendue très glissante par la pluie, je prends la décision de continuer la route qui fait un grand détour. Monique fait le choix du sentier. Bien que celui-ci soit plus court, j'arrive la première. Monique est allée très doucement, malgré cette précaution, elle a glissé et est tombée sur le coude. Elle saigne beaucoup. Une infirmière qui passait sur le chemin a soigné sa blessure.

En arrivant à Conques, ma première tâche est de récupérer le sifflet, avec amusement et plaisir, à partir des indications reçues par SMS :

« Bonjour Joëlle,
J'ai déposé comme prévu le sifflet dans l'abbaye.
A gauche, entre un banc et une poutre au fond.
En espérant qu'il y soit encore et qu'il te soit utile.
Bien à toi et bon courage »

Pendant un moment, je cherche entre « un banc et une poutre », mais il me faut quelque temps pour comprendre que la « poutre » était un pilier. Youpi je le trouve. Ça me fera un bon souvenir d'Alexandre.

Lors d'un voyage sur Paris le 10 mai dernier, j'ai rencontré un moine dans le métro, entre deux stations. Très courte rencontre mais suffisante pour que je sache qu'il était à l'Abbaye de Conques. Lui ayant dit que je projetais de faire le Chemin de Compostelle au départ du Puy-en-Velay et donc que je passerai à Conques, on s'y est donné rendez-vous, il était certain de me reconnaître, moi, pas sûre….
Nous avions réservé au gîte communal. Le gîte de l'Abbaye étant, nous a-t-on dit, *« une vraie usine pouvant recevoir une centaine de pèlerins »*. Il était donc peu probable que je rencontre « mon moine » !
Après une brève visite de Conques, nous remontons vers notre gîte et nous passons devant l'Abbaye juste au moment où un moine sort sur la rue par une petite porte. C'est LUI ! Je le reconnais. Je m'arrête et me présente.

Lui, par contre et contrairement à ce qu'il m'avait dit, ne me reconnait pas. Après quelques éclaircissements, il se souvient très bien de notre rencontre furtive dans le métro. Il est très étonné que l'on ait pu se retrouver. « A cinq secondes près, on ne se voyait pas » me dit-il. Mais pour moi, rien ne m'étonne sur ce Chemin ; je suis disponible et je reçois...

Nous nous installons au gîte communal, il n'est pas extra, on doit mettre nos chaussures dehors, sous un petit abri, et nos sacs à dos dans les toilettes, à même le sol humide. Nous dînons en compagnie de la maman belge, Dominique et de sa fille Maëlle. Louis se joint à nous. Il est super agréable : il est allé, gentiment, récupérer les sacs à dos de Dominique et de Maëlle. Ils avaient été livrés par la Malle postale à un autre endroit. Nous passons un agréable moment à discuter ensemble et à se prendre en photo.

Le soir à 20h30, à l'Abbaye, je retrouve « mon moine » qui officie. Les complies sont suivies de la Bénédiction des pèlerins et, pour la première fois j'entends le chant du Chemin :

Ultreïa
Tous les matins nous prenons le chemin,
Tous les matins nous allons plus loin.
Jour après jour, la route nous appelle,
C'est la voix de Compostelle.
Ultreïa ! Ultreïa ! E sus eia Deus adjuva nos !
Chemin de terre et chemin de Foi,
Voie millénaire de l'Europe,
La voie lactée de Charlemagne,
C'est le chemin de tous les jacquets.
Ultreïa ! Ultreïa ! E sus eia Deus adjuva nos !

Ce chant est certainement le plus connu des pèlerins. "Ultreïa E sus eia" pourrait se traduire par "aller plus loin, plus haut".
C'est l'expression d'un dépassement physique et spirituel.
C'est également une marque de reconnaissance des pèlerins entre eux.

Puis nous sortons et nous nous installons devant le tympan extérieur. On nous donne le sens de ce tympan : le Jugement dernier expliqué par un moine érudit et plein d'humour, ça vaut le déplacement. C'est presque un sketch… (Il est d'ailleurs passé dernièrement à la télévision).

Mardi 25 août – Conques / Livinhac-le-Haut

On me dit souvent que je suis bavarde. Ce matin c'était évident, le petit déjeuner a traîné en longueur, je discutais avec Louis sur la Franc-maçonnerie ; très intéressant mais l'heure tournait sans que je ne m'en rende compte si bien que nous sommes parties à 7h45....

Monique a pris le chemin, j'ai choisi la route qui m'a permis de gagner deux bons km.
Une petite anecdote : sur cette petite route, pendant deux heures, je n'ai rencontré qu'une seule voiture. Elle est passée juste au moment où je faisais une petite halte, carrément au bord du fossé, pour satisfaire un besoin naturel !

Nous devions nous retrouver à Noailhac, le seul petit village sur la variante.

J'arrive la première, j'attends un peu sur la petite place de l'église, puis je décide d'aller prendre un café au bar-épicerie du coin. Je m'installe à une table d'où je peux voir Monique arriver. Le temps passe, toujours pas de Monique. Je vais faire les quelques achats prévus pour notre pique-nique. Monique n'arrive toujours pas. Je commence à m'inquiéter, j'en parle au patron du bar-épicerie. Il pense qu'elle a dû rater la variante et pris le chemin par Pressac. Je sors du bar pour demander aux pèlerins qui arrivent s'ils n'ont pas vu Monique. Non, pas de Monique.

Le maire du patelin est là à discuter avec d'autres villageois. Il propose que sa femme vienne me conduire jusqu'à Pressac. Mais d'abord, il faut dégager la voiture de ce qu'il l'encombrait, baisser les sièges arrière pour mettre mon Carrix et me voilà partie avec Colette. Pendant le trajet, elle me parle des difficultés que son mari Abel connaît en tant que Maire pour conserver cette variante du Chemin de Compostelle. C'est une manne pour les habitants et commerçants du coin qui veulent se « partager le gâteau ». Abel veut donc créer des sentiers pour les pèlerins le long des routes, mais les agriculteurs ne sont pas toujours d'accord pour céder ou vendre un bout de leur terrain.

Nous arrivons à Pressac, Monique n'est toujours pas là. Colette attend avec moi car si Monique n'arrive pas, elle me conduira plus loin. L'attente n'est pas longue : une dizaine de minutes après nous voyons Monique arriver sur le Chemin. Ouf ! On s'est retrouvé.

Je fais la bise à Colette pour la remercier et lui demande de transmettre aussi mes remerciements à Abel.

Nous reprenons le chemin ensemble et nous arrivons à Livinhac-le-Haut vers 17h30. Bonne étape.

Gîte communal, excellent, très propre.

Une fois installée, lessive faite, Monique part à la Pharmacie pour son réapprovisionnement en pommades, onguents, cataplasmes, sparadrap...

Pendant ce temps, je fais la connaissance de Jean le militaire. Il marche avec José, un jeune Espagnol très sympathique qui le suit « comme un petit chien ». Ils m'ont dépassée, très rapidement, dans la matinée : José courrait presque derrière Jean. J'ai dû mal à comprendre pourquoi ils marchent ensemble !

Puis je prépare le dîner. A 20h00, Monique n'est toujours pas revenue. Je m'inquiète, l'appelle au téléphone sans succès, vais à la Pharmacie pour voir ce qui s'y passe, en reviens, pas de Monique nulle part. Décidément, c'est la journée !

Elle était dans le jardin du gîte au téléphone avec Patrice son mari, puis avec son fils. Je me suis inquiétée pour rien m'a-t-elle dit. Et voilà, je reconnais bien la Joëlle qui veut tout régenter. Une bonne leçon pour moi !

Pendant le dîner, l'alarme incendie se déclenche à deux reprises et provoque la coupure de l'électricité. Apparemment, ce serait Monique qui aurait provoqué l'incident en mettant de l'eau froide dans une poêle chaude huileuse.... Jean, le militaire, prend les choses en main, il décroche le système d'alarme de la cuisine et téléphone aux pompiers. Ils arrivent quelque temps après, contrôlent l'installation, puis repartent sans rien faire de plus. Nous finissons notre repas dans la pénombre.

Comme Nathalie, la gérante, a la phobie des punaises de lit, elle nous interdit de prendre nos duvets et même nos grands plastiques de protection. Je dors donc dans un lit avec drap et couverture. Bien sûr, les sacs à dos sont en bas dans une remise avec les chaussures.

Mercredi 26 août – Livinhac-le-Haut / Figeac

La lumière électrique n'est toujours pas rétablie et nous petit-déjeunons dans le noir. La gérante, pour se faire pardonner de cet incident, nous offre croissants et pains au chocolat.
Un jeune part du gîte en même temps que moi. Il est très en colère. Il a très mal dormi à cause des ronfleurs. Du coup il est parti sans saluer personne et sans prévenir son copain. Je lui souhaite de se réconcilier avec lui-même.
Un peu plus tard son copain me dépasse et me demande si j'ai vu son ami. Il s'inquiète de ne pas l'avoir vu ce matin. Je lui dis ce que je sais et il continue le Chemin, rassuré.

Nous empruntons de petites routes qui alternent régulièrement avec des sentiers. Nous traversons des pâturages, des champs et des petits hameaux.

Nous arrivons à Figeac par une descente longue et très raide. Nous débouchons au niveau du camping que nous connaissons bien pour l'avoir fréquenté à plusieurs reprises, la dernière fois en juin de cette année.

Nous n'avons aucun souci pour nous rendre au gîte « Accueil Saint-Joseph » au centre-ville. Gîte peu agréable sans aucun confort, pas même de papier dans les toilettes. La seule chose que j'apprécie, c'est la serviette de bain.

Après quelques courses nous dînons en ville. Notre premier aligot[2].

Monique, pour sa fête, commande l'apéritif. Après une certaine attente, on nous apporte notre plat avant même l'apéro. J'en fais part à la serveuse, réclame l'apéro et fais retourner notre plat principal en cuisine. Ça ne lui plait pas et elle nous fait attendre encore un peu. Elle nous apporte enfin l'apéro et, presque aussitôt après, le fameux aligot. Nous n'avons pas le temps de déguster la boisson..... Et, bien sûr, l'aligot est froid et pas très bon. C'est un plat qui n'attend pas, qui se mange chaud pour garder le coulant du fromage.

Je me faisais une joie de goûter à ce fameux aligot que j'avais loupé il y a quelques jours à « La Ferme du Barry »
C'est raté ...

Le Chemin, c'est loin d'être une affaire de « bouffe » bien que ce soit un des 3 éléments vital de notre quotidien : marcher, manger, dormir. Lorsque nous sommes sur le Chemin, au calme, dans le silence, entourés de cette merveilleuse nature qui nous est donnée gratuitement, on s'attend le soir à retrouver cette qualité de vie : un bon repas, un bon lit et du linge propre et sec ...

Jeudi 27 août – Figeac / Gréalou

Au sortir de notre gîte, nous voyons Louis, qui était dans le gîte d'en face. Il va jusqu'à Cajarc. Probablement que nous ne nous verrons plus, il fait de longues étapes et nous ne pouvons pas suivre. Embrassades d'au-revoir. Un peu plus

---

[2] L'**aligot** est une spécialité culinaire rurale traditionnelle de la région de l'Aubrac (Aveyron, Cantal et Lozère), à base de purée de pommes de terre, de tome fraîche ou «tome d'aligot», de crème, de beurre et d'ail.

loin, nous croisons Jean le militaire, il nous apprend que son fidèle compagnon, José l'Espagnol, passe par Rocamadour, ils se rejoindront plus tard sur le Chemin. Moi, je pense que José a voulu prendre un peu le large....

Nous ne verrons sans doute plus Jean mais il n'y a pas d'embrassade ....

Il est 6h45, à la sortie de Figeac, nous rencontrons Louis et Mariette, les deux derniers enfants de Didier. Nous leur faisons la bise d'adieu, ils finissent là le Chemin pour cette année. Nous leur demandons de transmettre notre au-revoir à Claire et Perrine, leurs sœurs et à Didier, leur papa. Je leur demande leur adresse postale pour leur envoyer de nos nouvelles. C'est une famille bien sympathique et j'aurais aimé faire davantage connaissance avec eux.

Tout de suite, le chemin monte rudement, et, tout au long de l'étape, c'est une succession de montées et de descentes.

Cette étape traverse les Causses du Quercy avant de descendre jusqu'à la Vallée du Lot par des sentiers escarpés et encombrés de pierres.

Sur ces étendues de calcaire inhospitalières, ce sont surtout les forêts de chênes et les pâturages pour moutons qui dominent. On y rencontre également dolmens et menhirs. Les hameaux sont isolés et très distants les uns des autres.

Nous faisons deux rencontres surprises : les deux Allemandes du Soulié et notre couple Québécois, Paul et Solange, elle trouve que ce Chemin de Compostelle est une rude épreuve.

Solange s'est reposée une journée entière ; elle ne porte plus son sac et s'est fait transporter pendant une autre étape. Merci la Malle Postale.

Monique souffre aussi : ses énormes ampoules au talon sont douloureuses. Elle se demande si elle pourra aller jusqu'au gîte. Après la prise d'un calmant ça va beaucoup mieux et elle me rattrape. Cependant, elle a toujours du mal et c'est notre logeuse qui va la récupérer alors qu'il ne lui reste que quelques centaines de mètres. Demain elle prend la Malle Postale, je marcherai donc seule, ce qui n'est pas pour me déplaire ; j'ai envie de retrouver ce sentiment de liberté que j'ai bien apprécié lors de mon premier Chemin.

Le gîte « Les volets blancs » est super. Nous avons une maison pour nous toutes seules avec un grand jardin équipé d'un salon sur lequel nous dînons en profitant d'un joli coucher de soleil.

Vendredi 28 août - Gréalou / Mas del Pech

Comme prévu, je pars seule à 6h35, il fait à peine jour. Dès le départ, un petit oiseau se pose devant moi. Il me regarde en dodelinant de la tête comme pour me souhaiter bon chemin. Un peu plus tard un cheval, qui a dû me sentir de loin, hennit doucement, je m'arrête et je le vois sortir de la forêt pour venir à ma rencontre sur le sentier. Encore un peu plus loin, alors que j'apprécie de marcher sur un très beau sentier en me nourrissant de cette belle nature, un oiseau pousse sa sérénade, je la prends pour moi comme un cadeau. Cheminer seule permet de me sentir entourée de présences discrètes, chaleureuses, elles ont le poids d'un souffle mais m'habitent complètement.

J'ai mal à mon genou : attention Joëlle, sois humble, ce n'est pas entièrement toi qui décides de la continuité du Chemin.

Chant qui m'est venu dès ce matin au départ du Chemin :
« *Tes bienfaits ne peuvent se compter*
Emerveillé par ce que tu as créé
Combien tes œuvres sont grandes...... »"
Je suis en parfaite harmonie avec ce chant pendant que je traverse des paysages merveilleux dans la paix et la douceur de l'aube.

A Cajarc[3] au bar où je prends un café, deux cyclos touristes, bien équipés, me questionne sur mon Carrix. L'un d'eux me propose même le gîte et le couvert chez lui, mais c'est à Villefranche-de-Rouergue, à 27 km d'ici et en dehors du Chemin. Il a déjà hébergé une pèlerine qui était seule et un peu désemparée, elle a beaucoup apprécié.

En repartant de Cajarc, je croise Stefan l'Allemand. Il attend un car pour rentrer chez lui. Il est tout heureux de me voir et me fait même la bise. J'en suis tout étonnée. Il me demande mon prénom, je lui réponds : moi c'est Joëlle, il répète "moicestjoelle". Ce n'est pas facile, la conversation avec un étranger.
Une autre rencontre étonnante, Jonathan le jeune Anglais de 23 ans qui court et qui m'a déjà dépassé en courant il y a quelques jours. Je fais ma pause matinale ; il m'aperçoit,

---

[3] Centre de la culture du safran en France

s'arrête. Il vient de faire Figeac - Rocamadour - Figeac (toujours en courant) et demain « pour se reposer » il fait une course à Cahors. Ensuite, il continue le GR 65 avant d'emprunter un autre sentier pour aller jusqu'à Toulouse pour prendre son avion.

Il me dit *"moi je suis le lièvre, toi tu es la tortue"*

Il est heureux d'avoir mal nulle part, il a donné ses crèmes et pommades à une pèlerine rencontrée sur le Chemin qui en avait besoin. « *Ça allège mon sac* » me dit-il, il n'a pourtant qu'un minuscule sac à dos.

Je retrouve Monique à 14h00 et pique-nique au gîte "Les deux pigeonniers" au "Mas del Pech" (se prononce masse qui veut dire village). Deux très belles maisons anciennes avec pigeonniers héritées d'un arrière-grand-père.

Alors que nous sommes installées dans le jardin, la propriétaire vient nous prévenir que le dîner sera servi à 19h00. Nous sommes bien étonnées car nous n'avons pas demandé la demi-pension. Nous lui faisons cette remarque ; elle n'apprécie pas du tout et nous dit que le repas est déjà prévu et qu'elle n'accepte les pèlerins qu'en demi-pension. On s'est fait avoir !

Dans les champs à côté du gîte, il y a une cazelle (ou gariotte), c'est une cabane de pierres sèches qui servait au vigneron, au pâtre ou au berger pour se protéger des intempéries. Ce n'est pas la première que je vois et ni la dernière : elles fleurissent un peu partout dans la région du Quercy.

Samedi 29 août – Mas del Pech / Varaire

A nouveau ce matin "je marche seule".
Un chant m'arrive en tête : « *Un enfant nous est né, un fils nous est donné* »
Bien sûr je pense à Carole, ma nièce, qui est sur le point d'accoucher. Je téléphone à ma petite sœur Claude, sa maman, sans penser que nous sommes samedi et qu'il est 7h30. Je m'en excuse auprès d'elle quand mon coup de fil la réveille. Elle n'a pas de nouvelle de Carole, mais ce n'est pas encore le terme.
Le lendemain je reçois la nouvelle : Jules est né à 22 heures le samedi 29 août !

L'étape d'aujourd'hui est très facile, sans montée ni descente par de beaux sentiers pierreux qui relient des mas typiques en traversant des forêts ou des petits bois.
A Limogne je m'arrête au petit Casino faire des courses pour trois jours : dans le village où nous nous arrêtons ce soir, l'épicerie est exceptionnellement fermée et le prochain ravitaillement ne peut être fait qu'à Cahors. Merci le Carrix.
Dans le magasin, je rencontre Paul et Solange qui vont au même gîte que nous ce soir. Depuis ce matin, ce sont les premiers pèlerins que je croise et les seuls que je croiserai aujourd'hui.

J'arrive très tôt au gîte « Le Clos des Escoutilles », vers 13h. Monique bien sûr est déjà là, elle a pris la Malle postale ce matin encore. Je déjeune, prends ma douche, lave mon linge qui sèche très vite, il fait au moins 32 degrés. Le gîte est tenu par un Hollandais Robert et sa femme. Très beau gîte, bien rénové, avec une superbe grande cuisine tout équipée et des équipements sanitaires modernes et propres.

Au fur et à mesure, le gîte se remplit de pèlerins nouveaux. Nous sommes une vingtaine de personnes. Un pèlerin, Gilbert, arrive il est piqué de partout. « *Des moustiques* » dit-il, mais le propriétaire du gîte de s'y trompe pas. Il le fait se déshabiller entièrement, lui donne des vêtements à lui, désinfecte tout son sac à dos et son contenu. Branle-bas de combat dans le gîte, tout le monde demande des sacs plastiques pour protéger ses affaires. Pas de chance pour moi, Gilbert dort sur le lit supérieur au mien.... Je vaporise mon duvet et je mets tous mes vêtements dans mon sac à dos dehors.

Dimanche 30 août – Varaire / Le Pech

Monique reprend la marche sans son sac à dos. Nous avons prévu une petite étape de 16km et nous marchons doucement.

Rencontre inattendue de mon copain Carrix. Son propriétaire s'appelle Andréas. Il est parti de chez lui en Allemagne. Il a tout vendu pour partir sur les routes pendant deux ans. Il va jusqu'à Compostelle puis il descend en Amérique du Sud jusqu'en Patagonie
Cette fois-ci nous nous prenons en photo.
On est vraiment aidé sur le Chemin. La preuve : Andréas me dit qu'après Cahors, il y a une montée très raide où le Carrix ne passe pas. C'est son ami qui a deux jours d'avance sur lui qui le lui a dit. Je ne m'en faisais pas du tout, je croyais qu'il n'y avait plus de difficultés après Mas del

Pech. La première fois que je l'ai rencontré, il m'avait aussi informé des difficultés de la montée de Conques. Jamais 2 sans 3...

Au gîte « Rando Etape » nous retrouvons Solange et Paul qui sont arrivés une heure avant nous et nous ont réservé deux lits en bas.

Il y a un jeune Parisien Fulvio, célibataire, pince sans rire qui dort au-dessus de moi. Je pense que je m'entendrais bien avec lui. Puis un groupe de quatre personnes (deux couples) que nous rencontrerons plusieurs fois dans la journée du lendemain.

Au gîte, il y a deux beaux chiens que le propriétaire a été obligé d'adopter. C'est fréquent sur le Chemin : de jeunes chiens suivent les pèlerins une journée ou deux ou trois, et lorsque les pèlerins s'arrêtent, les chiens restent au gîte.

Lundi 31 août – Le Pech / Cahors / Les Matthieux

Nous arrivons à Cahors vers 11h00. Au pont, à l'entrée de la ville, nous faisons tamponner notre Crédentiale à l'accueil des pèlerins. Nous nous renseignons des horaires de bus pour aller dans la zone commerciale pour faire des achats à Intersport. Tout s'enchaîne bien et nous sommes de retour au centre-ville avant 13 h. Nous pique-niquons sur la place de l'Office de Tourisme et après un passage aux toilettes et un café au bar du coin, nous reprenons le chemin via le très beau pont piéton « Le Pont Valentré » - *voir histoire du pont en fin de journée* -. Juste après le passage du pont, le sentier franchit une grosse barre de rocher au moyen de grandes marches que je monte « à 4 pattes » pour une partie. J'ai bien fait d'écouter Andreas et d'avoir fait porter mon sac aujourd'hui....

La pluie nous prend en chemin et il est grand temps d'arriver au gîte « Les Mathieux ».
Nous faisons la connaissance d'Yvon (66 ans) un Canadien qui marche avec Paul, un jeune du Haut Jura qu'il a rencontré sur le chemin. Ils vont tous les deux à Santiago.
Denise, une Alsacienne et future pèlerine, est en repérage dans le coin, elle dîne aussi avec nous.

A la fin du repas qui était succulent (tourte à la viande et aux pommes de terre), un violent orage s'abat sur nous. Pendant une heure, pluie, vent, éclairs, coups de tonnerre aussi violents les uns que les autres. Je n'ai pas peur de l'orage habituellement mais là, je ne suis pas très fière.

Histoire du pont :

Le Pont Valentré, symbole de la ville, est étroitement lié à la Via Podiensis (ou voie du Puy). Depuis le 15ème siècle, les pèlerins franchissent le Lot par ce pont fortifié. Grâce à ses tours, ce pont pouvait devenir un obstacle dangereux pour les personnes indésirables. La tour du milieu servait de poste de surveillance tandis que les deux autres, à l'extérieur, pouvaient bloquer l'accès au moyen de herses et de portes.
La construction du pont débute en 1308 mais les travaux ne prennent fin que 50 ans plus tard. On raconte que l'architecte ne pouvant venir à bout de son œuvre aurait fait appel à Satan, faisant un pacte avec lui : Satan s'engage à l'aider par tous les moyens et à lui obéir en tous points. Le travail fini, l'âme de l'architecte en doit être le

prix. Quand le pont est presque fini, l'architecte ordonne au démon d'aller puiser de l'eau avec un crible pour délayer la chaux destinée à la dernière pierre. Une entreprise impossible, même pour le diable, qui permet à l'architecte de conserver son âme. Pour se venger, il abat l'angle supérieur de la tour du milieu. Toutes les tentatives pour remplacer la pierre manquante échouent pour des raisons inexplicables.

Au 19ème siècle, cette légende est immortalisée par une pierre sculptée représentant le diable tentant d'arracher la pierre du pont.

Quelques messages d'encouragement

Bravo mamie ! Continue comme ça.

Super. Continuez comme ça. Et profitez de chaque instant.

Bravo les pèlerines, c'est super mais attention quand même !
Profitez bien de vos belles rencontres ce doit être formidable !
Nous pensons à vous et bises pleines d'encouragement et d'amitié.

EXTRA de recevoir ces petits messages !
Et tu marches ! Vous marchez ! Sans nous c'est mieux ....même si nous pensons beaucoup à vous !
Un bel exploit dont vous êtes fières ...et nous aussi finalement ! !

Que le Seigneur te soutienne dans ta pérégrination, et te révèle sa tendresse pour toi et les pèlerins rencontrés, quel beau chemin
Bon courage à vous 2! Et surtout soignez bien vos pieds!!!!

Coucou les pèlerines !....
Merci pour les nouvelles ! Mes pensées vous accompagnent souvent, et lundi à la prière nous attendions votre message.......... qui était arrivé à notre retour à la maison ......! Transmission de pensée ou

télépathie....peu importe.....vous êtes sur le bon chemin, et que de richesses vous devez y trouver dans toutes vos rencontres !

Toutes nos pensées vont vers vous pour vous aider moralement sur ce long chemin.
Prenez soin de vous et puis de toute façon : "Rien ne sert de courir, il faut partir à point"……

Très beau ton chemin pour aller plus loin chaque matin. Belle métaphore.
Tes petits enfants doivent être fiers de leur grand-mère.
As-tu bu un petit verre de Cahors. Je crois que ça ferait du bien à ton épaule et même à ton genou !
Les mots me manquent pour te dire combien je reste admirative face au courage et persévérance dont tu fais preuve une fois de plus.
J'ai mal pour toi : épaule, genoux et ampoules je présume ?
Mais au bout du Chemin, victoire, fierté et bonheur t'honoreront à nouveau.
Bravo encore et courage.

J'espère que vous continuez à faire de belles rencontres et que ton genou ne va pas se faire remarquer mais plutôt te laisser continuer sans trop de douleur ! Je suis très admirative de ce que vous faites et je vous envoie tout mon encouragement BONNE ROUTE !

Cela fait toujours du bien de te lire ... et nous sort de nos sollicitudes habituelles. Profite bien de ces moments de liberté.

Mardi 1er septembre – Les Mathieux / Lascabanes

Au réveil, j'ai la désagréable sensation d'avoir été piquée par des punaises de lit. J'avais pourtant bien protégé mon matelas, mais pas mon oreiller. Grave erreur. Un autre pèlerin, Gérard, a été lui aussi attaqué par les punaises. Quand nous en parlons à la gérante du gîte elle se défend

« mordicus » ce n'est pas chez elle. Les piqures de punaises, d'après elle, n'apparaissent que 3 ou 4 jours après qu'elles ont piqué. Gros mensonge, Gérard débute le Chemin, c'était sa première nuit dans un gîte ! Nous apprendrons plus tard que ce gîte est réputé pour avoir des punaises et qu'ils ne font rien pour s'en débarrasser.

Il a plu une grande partie de la nuit. Ce matin le ciel est gris mais il ne pleut pas. Nous aurons juste une petite averse dans la matinée. Par contre, les sentiers sont remplis d'eau et nous devons faire quelque fois des détours

pour pouvoir poursuivre, ils sont aussi très boueux avec des terres grasses qui collent aux chaussures et au Carrix. Et ça, il n'aime pas du tout. Il me faut m'arrêter de temps en temps pour le décrotter avec un bois : la boue se colle entre les deux roues et s'agglutine ; ce qui me fait un beau petit tas de boue à transporter en plus ....

Nous traversons aujourd'hui un paysage de champs de blé, de tournesols, de maïs ou de melons avec des pâturages dans les dépressions et les versants. De petites forêts de chênes dominent ce relief un peu vallonné.

Au gîte « Le nid des anges », nous retrouvons les deux couples normands et Fulvio. Le gîte est accolé à l'église et le jardin avec l'étendage se trouve à la limite du cimetière. Il est propre et bien tenu. Monique se trouve dans une chambre avec Gérard plus trois autres personnes et moi, je dois dormir sur un lit d'appoint dans la salle à manger. Finalement, je dormirai dans la chambre de Fulvio, dans le lit du dessus, un pèlerin s'étant désisté.

Une jeune Suisse-Allemande, Alexandra, qui marche seule arrive au gîte mais malheureusement pour elle, il n'y a plus de place. Fulvio essaie d'intervenir auprès de la propriétaire mais il essuie un refus, par contre elle est d'accord pour qu'Alexandra vienne dîner avec nous. Elle ne parle pas du tout le Français et reste dans son coin.

Mercredi 2 septembre – Lascabanes / Montlauzun

Une ronchon ce matin, elle trouve que les lève-tôt font trop de bruit ; elle aurait sans doute aimé dormir un peu plus longtemps .....
La ronchon et sa copine, ont cheminé avec nous un certain temps. Nous avons préféré mettre de l'espace entre elles et nous.

Beaucoup de dégâts de la tempête, toitures arrachées, arbres déracinés barrant le Chemin, etc., et encore de la boue qui colle aux chaussures et au Carrix.

Juste avant le village de Bonnal, nous traversons un verger de pruniers. Nous dégustons quelques prunes, tombées des arbres par la tempête, avant qu'elles ne deviennent des pruneaux d'Agen. Un peu plus loin, ce sont des champs de melons. Ils sont en train de pourrir sur place. Quel dommage. On nous dira plus tard qu'il n'y a pas assez de soleil pour qu'ils soient bons.

Au loin un domaine viticole. Il se nomme la Tour de Montcuq mais comme le nouveau propriétaire n'apprécie pas le nom de Montcuq, il l'a rebaptisé la Tour de Montlauzun, le village d'à côté où nous allons dormir ce soir. La situation de la vigne qui était plantée ne lui plaisait pas non plus parce qu'elle était décentrée par rapport au château ; il l'a donc arrachée pour en replanter une autre « comme il faut » !

Nous traversons le village Bonnal. Il y a un banc installé à côté d'un petit stand de fruits, gâteaux, melons, café. Nous nous y installons pour pique-niquer. Le chien de la ferme vient quémander un peu de pain. La fermière arrive et s'installe avec nous. Visiblement, elle a envie de parler. Elle s'appelle Denise et nous raconte sa vie. La ronchon arrive à son tour, elle trouve que le gâteau aux noix fait maison à 1€60, c'est cher, elle ne se gêne pas pour le dire à Denise.

Nous filons vers notre gîte « Ancien Presbytère » qui se trouve à 2 km dans le village Montlauzun haut perché. Nous sommes accueillis par des Anglais, propriétaires de ce gîte. Nous sommes les premières suivies de près par les deux couples normands - Joseph et Josette et Jean-Claude et Elisabeth -. Un peu plus tard, trois Canadiens arrivent, deux femmes et un homme, ils logeront aussi au même gîte que nous demain soir.

Gîte magnifique bâti à partir d'un ancien presbytère mitoyen d'une chapelle. Le chœur de cette chapelle avec des vestiges de peintures d'époque sert de salon....

Jeudi 3 septembre – Montlauzun / Dufort-Lacapelette

Le guide précise : « *Après Montlauzun, le GR est brièvement raide et la montée glissante. La corde prévue ici facilite la montée au randonneur* » Et comment vais-je faire avec le Carrix ?

L'hébergeuse me conseille de prendre la route. D'après le dire de ceux qui ont pris le chemin ce matin, j'ai bien fait. Mais nous avons beaucoup marché sur le macadam aujourd'hui et mes pieds n'ont pas trop aimé.

Beaucoup de montées et de descentes et, franchement, j'en ai « ras la casquette » même si le vaste paysage vallonné est très joli.

Nous arrivons en haut d'une petite colline à Lauzerte, village fortifié avec sa place bordée d'arcades et de maisons aux façades rénovées datant du Moyen Age. Nous faisons quelques courses et un brin de causette avec nos Normands et les Québécois que nous rencontrons.

Nous pique-niquons près d'une petite chapelle et les Québécois arrivent sur nos talons. Ils s'installent un peu plus loin.

Nous arrivons les premiers au gîte « Le soleil levant ». Le temps de prendre ma douche et de laver mon linge, les Québécois arrivent. Ils s'appellent Diane et Jean-Marc et Francine la sœur aînée de Jean-Marc.

Nous passons une soirée sympa avec eux.

Vendredi 4 septembre – Dufort-Lacapelette / Moissac

Petite étape aujourd'hui, 14km500.
L'itinéraire longe souvent de petites routes sur une crête et descend un peu jusque dans la vallée du Tarn.

Les trois Québécois, Diane, Jean-Marc et Francine cheminent avec nous. Sur le sentier, de grosses branches cassées ou, carrément, des arbres entiers déracinés nous barrent le chemin. Jean-Marc nous aide à franchir ces passages difficiles. Parfois il faut faire des détours, soulever des branches ou se mettre « à quatre pattes » pour ramper en-dessous. De vrais exercices de cirque.
En fin de matinée, nous rencontrons Josette (échappée de la bande des Normands) qui arrive en sens inverse de nous. Ce matin, elle a pris la navette pour aller récupérer leur voiture et elle vient au-devant de ses compagnons. Toute contente de nous voir, elle nous offre le café de l'au-revoir. Pendant ce temps, ses compagnons arrivent et nous poursuivons ensemble le Chemin jusqu'à l'entrée de Moissac. Joseph, 69 ans, le mari de Josette vient discuter avec moi. J'en suis surprise car durant les jours où nous avons cheminé ensemble, il ne m'a pratiquement pas adressé la parole, il m'observait ou plutôt observait le Carrix. Il était très sceptique quant à l'efficacité de l'engin dans les endroits délicats. Force est de constater que ça fonctionne bien et il en était épaté !
Il a marché, tous les jours, vêtu d'un short qui lui sied bien mais dès demain il le rangera. Il ne porte jamais de short chez lui ou en vacances car il a peur des « qu'en-dira-t-on ».
Au-revoir les Normands.

Au gîte « Ancien Carmel » Andréas est là, il nettoie son Carrix. Il n'en n'a pas pris soin et les roulements sont un peu grippés. On lui a donné de l'huile pour lubrifier tout ça.

En déambulant dans les couloirs du cloître, j'aperçois, oh grande surprise, José l'Espagnol et ce sont des grandes embrassades. Comme je l'avais présumé, il s'est « échappé » de son compagnon de route, Jean le militaire, en restant une journée de plus à Rocamadour.

Dans l'après-midi, nous allons visiter Moissac, l'église abbatiale Saint-Pierre et son magnifique portail avec le tympan réalisé en 1130 qui représente le quatrième chapitre de l'Apocalypse de St-Jean.

Comme très souvent, nous utilisons la cuisine pour pèlerins pour préparer et prendre notre dîner. Il faut souvent « jouer des coudes » pour accéder aux plaques de cuisson ou alors venir très tôt ou très tard. Cette fois-ci c'est calme, il y a juste deux jeunes qui préparent leur repas, ils sont à faire cuire des lentilles du Puy en grosse quantité *« c'est pour ce soir et demain pour le pique-nique »* nous disent-ils. Mais ça m'apparaît énorme !

Il y a aussi une fille qui prépare une table pour plusieurs personnes. Elle fait partie d'un groupe qui est en formation « Mandala » à Moissac.

J'apprends par Claire (son prénom) que certains grands gîtes, comme celui où nous sommes, acceptent des groupes ou des personnes hors pèlerins pour rentabiliser leur gîte et les pèlerins ne sont pas prioritaires. Ah bon !

Le courant passe bien avec elle et nous discutons toutes les deux. Ses collègues arrivent et nous dînons toutes ensemble. Elles sont très sensibles à notre démarche du Chemin de Compostelle ; certaines nous promettent de nous accompagner par la pensée.

Alexandra est dans notre dortoir. Elle a pris une journée de repos, c'est donc sa deuxième nuit dans ce gîte. Elle est toujours aussi « renfermée sur elle-même » et ne nous adresse ni parole ni sourire.

Samedi 5 septembre – Moissac / Espalais

Dès la sortie de Moissac, le Chemin s'étire sur plusieurs kilomètres d'abord en bordure du Tarn puis le long du canal de la Garonne (canal de Golfech).
Cette variante le long du canal est certes plus courte mais sur les 20 km de l'étape, nous avons fait 15 km sur le chemin de halage qui était asphalté. A à la longue c'est un peu ennuyeux et les pieds n'apprécient toujours pas.

Juste avant d'arriver au gîte, Alexandra nous dépasse sans un regard, elle file son chemin.

« Le Par'Chemin » à Espalais est à 3 km d'Auvillard. C'est un gîte très campagnard. N'ayant plus de lits de disponibles pour nous deux, on nous installe dans un grenier très succinctement aménagé avec quelques vieilles chaises et vieux meubles. C'est très original. Des toiles d'araignées en décoration. Un lit au milieu avec une moustiquaire pour nous protéger des différentes petites bêtes et insectes.

Le propriétaire du gîte ne sera présent qu'en fin de journée, il est parti quelques jours se reposer l'esprit plutôt que le corps. Son gîte est en gestion « Donativo » c'est-à-dire que l'on donne ce que l'on veut.

Donativo ne veut pas dire – donner – gratuit - Or certains pèlerins ne se gênent pas pour ne rien donner ou alors quelques centimes. Le propriétaire met tout son cœur pour garder ouvert ce gîte mais il a beaucoup de mal à le tenir financièrement. C'est dommage car dans les gîtes donativo en général, l'ambiance est chaleureuse et dans l'esprit du Chemin. Tout le monde met la main à la pâte pour préparer la table, le repas, desservir et faire la vaisselle tout en discutant du Chemin.

Nous faisons la connaissance de Chantal de la Creuse. Cette année elle est partie le 1er septembre de Flaugac-Poujols, près de Cahors, et veut aller jusqu'à Saint-Jean-Pied-de-Port

Au gîte, nous voyons un grand type, un peu original, qui fait sécher sa tente et toutes ses affaires. Nous passons presque tout l'après-midi ensemble et jamais il ne montre le désir de communiquer. C'est rare. Ce n'est qu'à la fin du repas qu'il est venu s'asseoir auprès de moi et que nous avons un peu parlé. Il s'appelle Patrick et il est de Bâle en Suisse. Il marche vite et fait de longues étapes. Quand cela est possible, il plante sa tente dans les jardins des gîtes.

Antoine (au short délabré), qui campe lui aussi, est également là ce soir. Nous l'avions rencontré la première fois à Conques.

A table, en face de moi il y a Alexandre, un Belge. Il vient de terminer ses études (niveau HEC) - après une thèse sur les nouvelles communications au service du commerce - il est parti sans connaître le résultat de ses examens et, aujourd'hui, il vient d'apprendre qu'il est maintenant diplômé. Un employeur avait déjà prévu de l'embaucher mais il avait posé une condition, qui avait été acceptée, celle de faire le Chemin de Compostelle. Il paraît que de mettre cette expérience dans son CV est un atout supplémentaire.

A la même table il y a aussi un Nantais, Alain, notaire en retraite. Son neveu est aussi notaire mais à Bouaye. Il remplace Maître Bodiguel qui vient de prendre sa retraite.

Dimanche 6 septembre – Espalais / Castet-Arrouy

La moustiquaire n'a pas empêché qu'un chat vienne s'installer sur notre lit et nous réveiller vers 4 h. Nous avons malgré tout passé une très bonne nuit.

Après un bon petit-déjeuner, nous partons vers 8h pour une étape de 25 km.

Après la traversée du charmant village d'Espalais, nous traversons la Garonne puis nous grimpons jusqu'à Auvillar qui trône majestueusement sur une colline et offre un vaste panorama sur la Garonne. Au centre du village, nous traversons la place du marché avec une grande halle couverte circulaire, puis nous quittons la bourgade par la très belle Porte de la vieille ville.

Nous rencontrons nos trois Québécois, ils s'arrêtent à Saint-Antoine, très petite étape pour eux.
Alain, le notaire, nous a parlé d'une Nantaise, Amandine, qui est partie de Nantes jusqu'à Rocamadour, de là, elle a rejoint la voie du Puy. On lui avait sans doute aussi parlé de moi et de mon Carrix car lorsque nous traversons un village elle nous interpelle par « *Alors les filles de Nantes, ça va ?* » Nous nous arrêtons « papoter ». Par souci d'économie, elle se faisait inviter à dormir chez l'habitant. Elle chemine maintenant avec Sylvain mais dormir à deux chez l'habitant c'est plus difficile.

Le groupe breton qui était au gîte avec nous hier soir nous dépasse, ils voyagent légers sans sac à dos ou alors des minis ; normal, ils sont accompagnés d'un camping-car et d'une voiture qui portent leurs bagages et assurent l'intendance. Il est presque 13h, ils s'impatientent de ne pas voir leur déjeuner arriver. Soudain de grands cris sur le chemin, ils viennent d'apercevoir leurs accompagnateurs. Aujourd'hui, c'est dimanche alors ils ont droit à l'apéro et au gâteau.

Nous continuons notre chemin et nous sommes arrêtées par un couple qui marche en sens inverse. C'est le Carrix bien sûr qui les interpelle. Pour se faire pardonner de leur curiosité, ils nous renseignent sur les gîtes à venir ; certains ne sont pas marqués sur le guide.

Au moment de déjeuner nous retrouvons beaucoup de pèlerins connus. Les nouvelles vont vite, ils savent que je me suis fait piquer par des punaises de lit, ils ont rencontré Gérard qui était avec nous au gîte à punaises.

Ce soir, le gîte communal est très confortable. Nous retrouvons Chantal, Antoine, Patrick le Suisse qui apprécie sa bouteille de vin quotidienne, Amandine et Sylvain. Moments très agréables à discuter ensemble, sur la terrasse au soleil, pendant que le linge sèche.

Lundi 7 septembre - Castet-Arrouy / Marsolan

Pour aller jusqu'à Lectoure le chemin s'étire au cœur de la Gascogne. Il suit des crêtes de colline, traverse des bois, des champs de tournesols ou de maïs, des vergers de pruniers. Un matin comme on les aime : grand ciel bleu, belle lumière, paysage reposant et peu de marcheurs.

C'est Lundi, nous rencontrons de nouveaux pèlerins qui partent pour huit ou quinze jours de l'endroit où ils s'étaient arrêtés la dernière fois. C'est un phénomène que nous constatons à chaque début de semaine.

Le couple de Canadiens de Vancouver - qui ne « *sont surtout pas Québécois* » comme ils le précisent- nous dépasse. Jeff me prend en photo ou plus exactement prend en photo mon Carrix. Sa compagne se prénomme Anne-Marie, enfin, c'est ce que je comprends dans leur anglais marqué d'un fort accent canadien.

Courses à Lectoure, petite ville agréable.

Nous y retrouvons nos compagnons de route, dont Alain, le notaire, et Chantal qui descend au même gîte que nous mais nous avons encore 9 km à faire.

Quand les pèlerins passent devant les maisons sans que les chiens ne bronchent, moi, je suis accueillie par un véritable concert d'aboiements. C'est plutôt à mon Carrix qu'ils en veulent : ils croient (bêtement) voir un chien en laisse.

Aujourd'hui encore, même phénomène. Un type armé d'une pelle sort d'un trou de la haie, il veut savoir pourquoi ses chiens aboient. Il comprend en voyant mon Carrix. Je fais un brin de causette avec ce breton de Pont-Aven, il me dit que les ânes et les mules excitent pareillement les chiens.

Depuis quelques jours, nous traversons des paysages entiers de tournesols grillés. Aujourd'hui, la récolte commence et nous voyons à l'œuvre de grosses moissonneuses batteuses. Impressionnant.

A Marsolan, le gîte « Le Bourdon » est confortable avec une belle cour ensoleillée. Le linge sèche vite et bien. Nous sommes cinq : Chantal, Antoine au short délabré, une pèlerine très discrète et nous deux.

Dans la cour un débat s'engage entre le propriétaire du gîte et Antoine, une discussion interminable ; je n'ai pas ma place, je m'éclipse.

Mardi 8 septembre – Marsolan / Condom

Ce matin nous quittons le gîte tous ensemble : Chantal, Antoine et nous deux en chantant à tue-tête « Ultreia ! »

Puis le groupe se disperse au rythme du pas de chacun. Beau lever de soleil. Les paroles de la chanson : « Une souris verte » nous arrivent de loin : c'est Antoine qui se donne du courage en chantant sur une mélodie bien à lui. Plus tard, pour m'aider à monter une côte, j'entonne « *Ma poule n'a plus que 29 poulets. Elle en a eu 30, la poule à ma tante, allongeons la jambe la jambe car la route est longue....* » et ce jusqu'à zéro poulet !
Chacun trouve son moyen pour avancer ...

Celui qui nous double de temps en temps avec deux genouillères est Autrichien. Il s'arrête à notre niveau alors que nous parlons à un « gars du cru » qui donne à manger à ses deux ânes. Un dialogue gestuel s'engage entre l'Espagnol, l'Autrichien et nous, les deux Françaises. C'est « folklo »

Nous retrouvons Chantal au haut de la colline qui domine Condom. Nous profitons de cette magnifique vue pour déjeuner.
Le gîte « Le Champ d'étoiles » n'est qu'à 2 km. Nous y arrivons très vite, Chantal continue jusqu'au gîte voisin. Il n'est pas 14 h (heure d'ouverture) mais nous avons cette fois la permission d'entrer et de nous installer dans le vaste jardin sur des fauteuils sculptés dans des billes de bois. Il y a aussi un grand salon de jardin construit en palette en bois, original et très pratique.

Notre logeuse, Charlotte, est jeune et bien sympathique. Elle a repris le gîte il y a trois ans. Elle vit petitement mais ça lui convient.

Nous sommes trois pèlerines, nous deux et Audrey, une jeune de Lyon qui vient de reprendre le Chemin. Dans la vie, elle est infirmière dans un centre d'accueil pour SDF. Elle nous en parle longuement pendant le dîner que nous prenons dehors en compagnie de Charlotte.

Mercredi 9 septembre – Condom / Montréal du Gers

L'itinéraire aujourd'hui traverse le cœur de l'Armagnac avec ses vignobles, ses petits bois, ses champs de tournesols ou de céréales. Les collines sont coiffées de bastides typiques.

Dès le départ Chantal nous rejoint. Puis, comme à son habitude, elle va son allure. Ce matin, je suis en forme et je file tellement bien que je me trompe de chemin en suivant un Belge. Heureusement, un fermier nous oriente dans la bonne direction. Le parcours est bien balisé pourtant mais il faut toujours rester vigilant. Audrey connaît la même mésaventure : alors qu'elle est partie au moins 20 minutes avant nous et qu'elle marche vite, nous la voyons arriver par une petite route perpendiculaire. Au carrefour, elle n'a pas vu qu'il fallait prendre le petit sentier. Résultat : du temps perdu et pas mal de kilomètres supplémentaires.

Nous revoyons notre Autrichien, il s'appelle Dietrich, nous papotons un peu. Sur le pont de Lartigue[4], il se fait prendre en photo par un passant, c'est un Ecossais qui est venu

---

[4] Le Pont d'Artigues avec ses cinq arches dépareillées permet aux pèlerins de franchir l'Osse depuis le Moyen Age déjà. Il appartenait à l'origine à l'archevêché de Saint-Jacques-de-Compostelle – ce qui témoigne de l'importance vitale des ponts à cette époque.

s'installer en France, Dietrich est tout étonné de ce choix mais l'Ecossais apprécie le soleil de cette région d'Armagnac. Ensuite s'engage une conversation sur la bière et le whisky. De leur dialogue en anglais, je comprends que Dietrich est distillateur de métier, qu'il distille toutes sortes de fruits et qu'il apporte beaucoup de soins à chaque opération.

Nous le rencontrons souvent par la suite car il s'arrête plusieurs fois, il a mal aux genoux, il voudrait bien aller pourtant jusqu'à St-Jean Pied-de-Port. Aujourd'hui, ce sont ses 44 ans de mariage : un coup de fil à sa femme s'impose. Plus tard, lors d'une pause, il nous rejoint ; il est accompagné d'un Allemand, ils vont marcher ensemble.

Chantal est assise sur un muret, elle est fatiguée et n'est pas du tout en forme aujourd'hui. Alors qu'hier, elle voulait aller plus loin que Saint-Jean-Pied-de-Port, aujourd'hui, elle voudrait bien que son mari vienne la chercher.... Elle marche plus lentement avec nous jusqu'au gîte.

Encore des nouveaux pèlerins dont un couple de Japonais, le premier que je rencontre. Ils font partie de ces pèlerins qui font le Chemin de Compostelle en plusieurs fois et qui s'arrêtent à des endroits différents et donc repartent de ces endroits différents. De ce fait, on peut rencontrer de nouveaux pèlerins chaque jour. Par exemple ce couple de Haute-Savoie avec leurs gros sacs à dos (15 à 20 kg - ils campent). Ils ont repris le Chemin aujourd'hui et font une étape de plus de 30 km. Ils sont fous....

Lors de notre pause repas juste avant Montréal, nous voyons passer Alain, le notaire. Il est seul, ses deux compagnons de route ont arrêté. Il file pour déjeuner, dans un restaurant, à Montréal. Le reverrons-nous ?

Le gîte « Le Coulomé » est dans un domaine viticole d'armagnac.
Dans un grand pré sont installés des balançoires et autres jeux pour enfants, un théâtre de marionnettes, un bloc sanitaire et des caravanes pour loger les pèlerins. Même si celles-ci sont habillées d'un revêtement de bois qui leur donnent un air de petits chalets, tout cela apparaît bien vétuste.
Le papy aménage une piste d'atterrissage pour ULM., il a déjà installé une manche à air.

Pour notre dîner, nous nous servons en pommes et figues du jardin. Je ne sais pas si on a bien le droit, mais on le prend.
Bonne soirée avec Chantal qui loge dans la caravane voisine.

Jeudi 10 septembre – Montréal-du-Gers / Sauboires

Le gros chien noir du propriétaire a dormi auprès de la caravane ; il nous gardait des intrus et c'était bien, car notre porte de caravane ne fermait pas. Quand je me suis levée à 5h30, il était toujours là malgré la pluie légère qui tombait.

Nous traversons des vignes et des vignes. Puis c'est une longue ligne droite de 7 km, nous sommes sur une ancienne voie ferrée. Ensuite, paysage classique, maïs, tournesol, vigne, forêt, bois.

Aucun pèlerin sur le chemin alors qu'hier c'était la foule. Au gîte Associatif, nous retrouvons bien sûr Chantal et trois autres personnes. Elles étaient avec nous à Lascabane et avaient dormi dans la même chambre que Monique. Jean-Michel et Maryvonne sont d'Angers, Françoise, de la Mayenne. Ils ont déjà fait le Chemin par bouts depuis Porto, depuis Arles etc. Ils me donnent des nouvelles de Solange et Paul (les Québécois) qui sont une étape avant nous.

Vendredi 11 septembre – Sauboires / Lanne-Soubiran

Nous partons tous ensemble pour Manciet par la route. Jean-Michel, sans doute un peu timide, s'ouvre de plus en plus au fur et mesure de nos rencontres. Il a 71 ans et Maryvonne 67 ans. Jusqu'ici, nous n'avions pas rencontré des pèlerins dans nos âges ; le Chemin de Compostelle est vraiment ouvert à tous : jeunes et vieux.

Grande animation à Manciet : arène et manèges sont installés pour les trois jours de fête locale. A part nos compagnons de gîte d'hier soir, nous ne rencontrons qu'un jeune qui fonce, le portable GPS à la main, sans nous regarder.
Chantal est installée à l'ombre entre deux rangs de vigne. Nous nous arrêtons nous aussi pour prendre notre pique-nique. Elle en profite pour me demander de la dépanner encore une fois ; elle perd les données mobiles de son portable chaque fois qu'elle utilise son GPS. Elle reprend la route avec nous ; mais comme elle est fatiguée, elle ne va pas bien vite et reste derrière à papoter avec Monique.

Le Belge « Kistromp » me rattrape et je continue avec lui. Il s'appelle Georges. Comme il loge ce soir dans le même gîte que nous, il reste avec moi. Il marche un peu vite (c'est peut-être pour cela que j'attrape ma 1ère petite ampoule au talon). Il a besoin de compagnie il se sent bien seul. C'est sa 3ème fraction du Chemin et c'est la première fois qu'il marche en solitaire. La 1ère année il est parti avec son frère et, quand celui-ci a dû abandonner, il a très vite trouvé deux compagnons de route, des gens sympathiques qui l'ont escorté jusqu'à la fin de sa randonnée. L'année suivante il était accompagné de sa femme handicapée qui le suivait en voiture. Cette année, il se faisait une joie de partir avec ses compagnons de la 1ère année, mais un contretemps l'a obligé de marcher seul. Il finit son chemin demain à Aire-sur-Adour.

Le gîte « Maison Labarbe » est très sympa avec ses murs à colombage. Nous nous installons dès notre arrivée.

Vers 18h00 deux nanas arrivent, Véronique et Michèle. L'hébergeuse est très sympa, un peu brute de pomme mais le cœur sur la main. Elle aime bien son métier. Elle travaillait irrégulièrement dans ce gîte que les propriétaires ont ensuite laissé parce qu'ils trouvaient le métier trop difficile. Alors, elle a repris l'affaire tout en conservant son travail d'employé de maison. Faut vraiment aimer faire le ménage ....

Elle est toute heureuse de nous montrer un nid de frelons qui s'est installé dans une grange où elle met le linge à sécher. Elle y vient régulièrement et ne s'est jamais fait piquer.

Comme souvent je commande un verre de vin pour le dîner, elle me l'offre et elle nous donne aussi une glace en dessert.

Nous passons une bonne soirée à l'écouter nous raconter sa vie de logeuse.

Samedi 12 septembre
Lanne-Soubiran / Barcelonne-sur-Gers

Nous partons vers 7h15 sous l'orage qui ne nous quittera que vers midi à l'arrivée à notre gîte à Barcelonne-sur-Gers. Nous quittons le Gers pour entrer dans le département des Landes au sud de l'Adour. Le terrain devient de plus en plus plat et le chemin traverse de petites forêts de chênes et de châtaigniers.

Georges, le Belge « Kistromp » parti en même temps que nous, se presse car il doit prendre un car à Aire sur Adour vers 13h. Quelque 100 mètres plus loin, nous le voyons déboucher de notre gauche, il s'était trompé. Il nous dépasse à grandes enjambées ; faut dire qu'il est responsable d'un club de marche nordique. Nous continuons à notre allure. Une demi-heure plus tard, nous le voyons au loin revenir sur ses pas : il s'est encore trompé. Il nous dépasse, pas content du tout de lui ..... S'il continue comme ça, c'est sûr, il va rater son car !

L'orage gronde de plus en plus au-dessus de nos têtes et la pluie est de plus en plus forte. Au village de Lelin, nous nous arrêtons nous mettre à l'abri sous le proche de l'église avec son clocher « en queue de morue ». Une personne bénévole, est là, à l'abri, et nous propose café, thé, cake, quiche. Un petit café chaud nous fait grand bien !

Chantal nous rejoint. Elle est très en colère : la veille, elle s'est fait arnaquée par sa logeuse. Celle-ci n'a pas voulu qu'elle se prépare son repas dans sa propre cuisine. Il a fallu qu'elle prenne la demi-pension contrairement à ce qui avait été convenu par téléphone. Nous la comprenons très bien, ayant eu nous-mêmes la même arnaque il y a quelque temps.

Nous reprenons la route sous la flotte et l'orage. Heureusement, le chemin emprunte une petite route et par ce temps, c'est beaucoup mieux. Les derniers kms longent une voie ferrée sur un sentier rempli de flaques d'eau, là, c'est moins bien.

Barcelonne-sur-Gers est une petite bourgade toute endormie qui colle à Aire sur Adour. Beaucoup de maisons et de commerces sont à vendre. Le Centre Leclerc est fermé ; sur le parking bétonné, l'herbe pousse...

Le gîte « La Bastide du Cosset » est accueillant et nous pouvons prendre notre repas à l'aise et à l'abri.

Véronique et Michèle arrivent alors que nous sommes bien installées, douche et mini lessive faite. Elles ont fait la grasse matinée et n'ont pris le Chemin que vers 9h30.

Dans la soirée, après les courses, je vais visiter l'église. Une messe se prépare : c'est la fête des « bénévoles ». Toute la paroisse est rassemblée, il n'y a pas de messe très souvent ici. Pour l'occasion ils ont constitué une chorale. Chaque assistant reçoit un foulard à agiter à certains moments de la célébration. La messe débute avec vingt minutes de retard, le temps de répéter les chants et de bien préparer la cérémonie.

L'organiste est une femme d'au moins 80 ans et n'est pas tout à fait au top : elle se trompe de chant ou entonne un chant alors que ce n'est pas le moment. Soudain, elle se met en colère et on essaie de la calmer. Pour faire le pendant, il y a un très jeune trompettiste d'une douzaine d'années qui parfois perd patience. A la fin de la messe, apéritif pour tout le monde et repas pour ceux qui l'ont commandé. J'espère que c'est à l'abri parce que pendant la messe, l'orage et la pluie ont repris de plus belle.
Je rentre au gîte pour dîner d'une énorme escalope de veau avec gratin dauphinois. C'est très bon : je mange tout.
Après le repas, nous discutons avec les pèlerins sur différents sujets et notamment sur les spécialités culinaires des régions traversées.

Dimanche 13 septembre
Barcelonne-sur-Gers / Miramont-Sensacq

Ce matin, nous prenons notre petit-déjeuner avec Antoine, son frère Roland et John un Danois. Ils marchent tous les trois ensemble. Roland est allé acheter à la boulangerie croissants et pains au chocolat tout frais.

Nous partons ensemble sur le chemin. Ils nous montrent le raccourci qui leur a été recommandé hier par le pharmacien, puis, filent devant, à leur allure.

Nous traversons Aire-sur-Adour, bien calme à 8h00 du matin.

Le chemin s'étire sur une petite route bordée de champs de maïs. Quelques coups de feu : la chasse est ouverte.
Aucun endroit acceptable pour notre pause : il y a de grands fossés broussailleux et infranchissables. Nous sommes obligées de nous arrêter carrément sur le chemin nous asseyant en tailleur. Même pas un endroit pour faire nos besoins, sinon carrément sur le chemin.

Un peu plus loin, nous trouvons quand même une table pour prendre notre repas du midi. Elle est occupée par des étrangers qui finissent de déjeuner et nous laissent la place. Claire, une Belge flamande vient nous rejoindre. A la fin de notre repas, le trio MON (Maryvonne-Odile-Nadine) arrive mais décide de marcher encore un peu avant de manger.
Peu de temps après notre départ, alors que la pluie arrive, nous les voyons toutes les trois assises par terre... vêtues de leur cape de pluie, le sandwich à la main.

En arrivant dans le village du gîte communal à Miramont-Sansacq, « les angevins » (Jean-Michel, Maryvonne et Françoise) sont à déjeuner. Le fils et la petite fille de Françoise sont avec eux ; ils habitent Bordeaux et ont fait le déplacement spécialement pour la voir.

Je reçois un SMS de Chantal : elle arrête le Chemin. Je suis à peine surprise. Elle est déçue cette année de ne pas retrouver ce qu'elle a vécu la dernière fois.

Le gîte est tenu par deux hospitalières bénévoles. La nuitée est à régler à la commune et le dîner et petit-déjeuner sont « donativo ».
Pour la première fois sur le Chemin nous avons droit à l'apéro, un kir. C'est tout de même bien sympa.

De nouveaux pèlerins ce soir, Louisette « la grande perche » et Bernard son mari. Ils sont de Nice et se disent sportifs.

Bonne soirée. Une des hospitalières nous parle de son propre Chemin. Elle nous raconte que c'est à 12 ans qu'elle a désiré faire le Chemin. A l'époque, dans les récits qu'elle lisait, les pèlerins faisaient l'aller et le retour, il n'y avait pas d'autre possibilité. Elle a donc toujours eu cela en tête et lorsqu'elle a pu réaliser son rêve, elle a donc fait Orléans – Santiago – Orléans ...

Monique et moi dormons une nouvelle fois dans la même chambre avec les « angevins ».

Lundi 14 septembre
Miramont-Sensacq / Arzacq-Arraziguet

Cela fait un mois que nous sommes parties et c'est Marie (ma nièce, proche de moi) qui me le rappelle en m'envoyant un gentil SMS.

Nous prenons la route sous la pluie qui nous quittera 2h plus tard pour reprendre de temps en temps jusqu'à la fin de l'étape.

Nous marchons en compagnie des « angevins ». Ils ont la même allure que nous.

Juste avant d'arriver à Pimbo nous prenons un sentier très boueux et glissant qui monte et qui descend. Le Carrix n'aime pas du tout ; la boue bloque la roue et je dois tirer tout le chargement dans les montées ou alors freiner très fort dans les descentes car le poids m'entraîne.

J'en bave !!!

Un bon café au gîte d'accueil de Pimbo me réconforte un peu.

Encore 5 à 6 km et nous arrivons, toujours sous la pluie, à notre gîte « Centre d'accueil » à Arzacq-Arraziguet. Surprise, Solange et Paul sont là ; je pensais ne plus les revoir. Les « angevins » arrivent sur nos pas. C'est sympa de nous retrouver et pour fêter ces retrouvailles, nous nous donnons rendez-vous au café du coin à 18h pour prendre l'apéro.

Le gîte peut accueillir 77 personnes, il est loin d'être complet mais toutefois il héberge assez de monde pour que ce soit plus impersonnel que dans les petits gîtes.

Dans trois jours, nos maris respectifs viennent nous rejoindre pour marcher quelques étapes avec nous jusqu'à Roncevaux. C'est avec impatience que nous les attendons. Nous allons nous renseigner à l'Office de Tourisme pour connaître les possibilités de transport entre Saint-Jean-Pied-de-Port et Navarrenx pour leur retour.

Mardi 15 septembre – Arzacq-Arraziguet / Pomps

Nous prenons le petit-déjeuner avec deux jeunes : Pierre et Mickaël. Mickaël est parti du Puy le 20 août et va jusqu'à Saint-Jean-Pied-de-Port. Il marche vite et fait de plus longues étapes que nous. Comme pour tous les jeunes rencontrés sur le Chemin, nous ne le verrons que l'espace d'une soirée. Avant de partir, il me donne des boules « Quies » qu'il a en trop. Je les accepte volontiers, nous approchons de l'Espagne avec ses grands dortoirs et ses ronfleurs....

Pierre (34 ans) part avec nous et nous cheminons ensemble une petite heure.
Il nous raconte sa vie et nous parle surtout de sa petite demi-sœur qui est née quand il avait 10 ans, elle est « trisomique 21 » et autiste. Apparemment elle n'a pas été totalement acceptée à la naissance par ses parents et il s'en est beaucoup occupé. Il tient à cette petite comme à la prunelle de ses yeux.

Quand nous achetons notre pain au départ de l'étape, le boulanger nous donne un raccourci pour éviter l'ascension d'une petite colline, après le village suivant. Lorsque nous arrivons au dit village, nous sommes un peu perdues, un villageois ouvre sa fenêtre pour nous parler. Au départ un peu froid, il se radoucit lorsqu'il apprend notre âge qui est, à deux ans près, le sien. Du coup, il nous donne un autre raccourci ; *« un peu plus loin, vous verrez un calvaire avec une statue de la Vierge. Là, il faut descendre tout droit ; »* En le remerciant, je lui demande son prénom : Bernard. Il me demande pourquoi, « c'est pour vous confier à la Vierge ».

Il en est tout ému. « *Et vous, c'est Bernadette ?* »

Il y a quelques fois des anges sur notre Chemin !

Il s'avère que ces deux raccourcis nous ont fait marcher sur la route mais nous ont épargné quand même une bonne demi-heure de route.

Nous rattrapons les « Angevins » ; un gros chien des Pyrénées les suit depuis quelques kms. Nous nous arrêtons déjeuner près d'une église qui est entourée du cimetière, le tout clôturé d'un petit muret et fermé d'une grille. Le chien nous ayant suivi, nous l'attirons dehors avec du pain, nous fermons la grille pour déjeuner tranquille. A peine installés le chien réapparaît. Sauter le muret pour lui, c'est un jeu d'enfant. Finalement, il s'allonge à nos pieds et reste tranquille tout le temps de la pause. Il nous suivra jusqu'à l'arrivée au gîte.

Nous arrivons au gîte communal. C'est une salle de sport. Des lits ont été installés dans les vestiaires et dans les douches. Monique et moi sommes dans les douches. On nous recommande surtout de ne pas toucher aux boutons sinon les lits et toutes nos affaires seront trempés !

Nous nous retrouvons Solange, Paul et les « Angevins » à la petite épicerie du village autour d'une bière à deviser sur le Chemin. Un peu plus tard, c'est dans la chambre que nous trinquons avec du rosé.

Nous sommes 20 pèlerins. Des tables et des bancs sont transportés dans le gymnase car la cuisine est trop petite. Après le dîner, on se retrouve dans la chambrée. Chacun dit ce que le Chemin a déjà fait pour lui. C'est très fort et très émouvant.

Nous décidons de prendre la navette locale demain pour deux raisons : la première pour nous raccourcir l'étape de 27 km ; comme tout était complet dans le village où nous voulions nous arrêter, nous avons dû réserver le gîte au village suivant, 9km plus loin. La deuxième raison pour mon ampoule qui ne s'arrange pas et qu'un jour de repos sera le bienvenu. Monique descendra à Maslacq et moi, je me ferai transporter jusqu'au bout.

Mercredi 16 septembre - Pomps / Sauvelade

Je suis dans la cuisine du gîte et j'attends la navette qui doit passer vers 11 h.
Mon pied gauche est à l'air, l'ampoule sèche !
Le transport Claudine arrive à 11h45 et après des tours et des détours dans la campagne béarnaise pour déposer et prendre des sacs dans les gîtes et les chambres d'hôte, j'arrive au gîte « l'Abbaye de Sauvelade » vers 13h30.

Il fait du grand vent chaud, il vient du Portugal me dit-on et la région est en vigilance orange. Au moins le linge va bien sécher.

Je suis installée dehors sur la terrasse devant une pression (la vie est belle !) et je vois arriver tous les pèlerins connus ou inconnus.

Le gîte ce soir sera encore plein. C'est une dépendance d'une Abbaye [5]qui est en réfection pour en faire un gîte communal, des appartements et un restaurant. Pour l'instant il rénove l'église. Ça devrait être pas mal une fois terminé.

Jeudi 17 septembre – Sauvelade / Navarrenx

Ce matin alors que nous nous apprêtons à partir, nous voyons Solange. Elle est en meilleure forme qu'hier soir. Elle a décidé de prendre la navette qui la conduira jusqu'à Aroue. L'étape de 35 km d'hier l'a fatiguée.

Petite étape pour nous aujourd'hui. Nous allons à Navarenx - 13 km - au camping Beau Rivage où nous avons réservé un chalet pour nous deux et pour And et Patrice nos maris.

A la pose, dans une forêt, près d'une fontaine dédiée à la Samaritaine, deux personnes arrivent avec un panier rempli de champignons. Plusieurs voitures sont stationnées au bord des sentiers, se sont également des ramasseurs de champignons. Le coin doit être propice.

---

[5] L'abbaye de Sauvelade (son nom vient du mot latin « silva lata » ou grande forêt) a été fondée en 1127 par des moines bénédictins avant d'être reprise par les Cisterciens. L'église abbatiale construite au 13ème siècle est modeste et simple avec toutefois un tracé très inhabituel en forme de croix grecque.

Nous arrivons au camping vers midi, nous nous installons dans notre chalet pour déjeuner. C'est sympa. Nos maris arrivent vers 14h30 pour prendre le café. Je suis très heureuse de les voir là.

Nous allons visiter cette petite bourgade fortifiée en bordure du gave d'Oloron. Il y a un musée du cigare apparemment réputé mais malheureusement il est fermé pour cause d'exposition à Dortmund. Nous poussons notre visite vers d'autres ouvrages militaires comme la poudrière, la caserne et l'arsenal.

Nous croisons Bernard et Louisette « la grande perche ». Pendant que Maryvonne et Françoise arpentent les rues de la ville Jean-Michel qui est à boire sa bière dans un café nous invite à venir le rejoindre plus tard mais… nous avons à faire.

Après quelques courses, nous rejoignons le camping. Nous montons tous les quatre dans la voiture que nous allons laisser en garage mort pour quelques jours. A 300 mètres, nous découvrons l'annexe : un grand hangar dans lequel sont bien rangées des dizaines de caravanes, presque toutes anglaises. Faut dire que le camping est tenu par des Anglais et que la majorité des campeurs est anglaise.

Nous passons une agréable soirée en compagnie de nos maris qui nous donnent des nouvelles du pays.

Vendredi 18 septembre – Navarrenx / Aroue

Il fait un peu frisquet ce matin lorsque nous quittons le camping à 7h30.

Petites routes puis chemins de randonnée dans la forêt avec de faibles dénivelés Nous traversons un paysage doucement vallonné dominé par des collines et sillonné de nombreux petits cours d'eau.

Après avoir franchi le gave de Mauléon, nous entrons dans le Pays Basque.

Dans la forêt nous croisons un gros camion avec une grande remorque de transport de bois. Il fait une très longue marche arrière sur une piste défoncée et peu carrossable.

Pour la pause de 10 heures, nous nous installons un peu plus loin, sur de grosses billes de bois. Nous sommes au soleil et nous prenons tout notre temps. Devant nous, sur le sentier passe une véritable procession de pèlerins. Mais nous sommes obligés de déguerpir plus vite que prévu, car ce même camion, toujours en marche arrière, vient charger sa remorque.

Plus tard, nous traversons une zone de chasse aux palombes : nous apercevons, caché en haut des arbres, à une vingtaine de mètres du sol, un abri relié au sol par une très longue échelle qui ne nous paraît pas bien solide. Il ne faut pas avoir peur...

Nous déjeunons dans le petit village de Lichos, sur un petit muret qui entoure une petite chapelle et son cimetière. Sur les tombes, des dessins naïfs gravés sur pierre représentent la profession ou le loisir favori du défunt : ici, un paysan qui conduit ses vaches au pré, là, un chasseur qui tire sur les palombes, plus loin, un cueilleur de champignons ou un joueur de pelote basque.

Nous arrivons au gîte « Bellevue ». Il porte bien son nom car du 1er étage de cette vieille bâtisse, nous pouvons voir un large paysage vallonné, avec les Pyrénées en toile de fond.

Nous sommes six, nous quatre et un couple de Rennes. Claude et Marie-Thé. Ils sont partis cette année de Navarrenx et prévoient d'aller jusqu'à Burgos.

J'ai été particulièrement heureuse aujourd'hui de marcher avec un compagnon de choix : And, mon mari, et d'avoir pu m'épancher sur son cœur en me délivrant de tous les ressentiments, que je gardais pour moi et que j'avais accumulés depuis le début du Chemin.

Samedi 19 septembre – Aroue / Ostabat[6]

Cette étape nous mène au cœur du Pays Basque avec ses pâturages verts, ses petits hameaux et ses fermes. Les Pyrénées semblent à portée de main.

Nous partons au petit jour, il est 7h20.
Nous décidons de prendre les variantes qui sont plus avantageuses pour nous mais qui nous feront rater la « Stèle de Gibraltar », là où se réunissent les 3 voies (Tours, Le Puy, Vézelay) du Chemin de Compostelle.
Au petit village Uhart-Mixe, nous faisons une pause sur la place de l'église où a lieu un mariage. Nous discutons avec les gens de la noce qui sont hors de l'église avec leurs bébés et petits-enfants. Nous en profitons pour leur demander

---

[6] Ostabat a été créé en bordure de l'importante voie romaine qui reliait Bordeaux à Astorga via Pampelune. Au Moyen Age, c'était le point de rencontre des 3 voies françaises vers Compostelle. Et c'était là que se situait logiquement la Stèle de Gibraltar. Alors, cette bourgade était capable d'accueillir plusieurs milliers de pèlerins.

notre chemin : nous sommes un peu perdus car le balisage sur les variantes n'est pas très régulier.

Nous ne verrons pas la chapelle Soyarza, mais nous évitons la montée très abrupte qui y conduit et la descente qui est tout aussi brutale.

Par la route, nous arrivons directement à l'ancienne abbaye Saint-Nicolas avec la petite église romane du 12ème siècle. Nous prenons notre pique-nique sur le parvis de l'église où une table et des chaises sont déjà installées. Notre japonais (rencontré hier) arrive. Nous lui offrons des noix ramassées sur le sentier ; il les prend d'abord en photo avant d'y goûter prudemment. Bientôt, il en redemande.

Nous arrivons au gîte « Ostipalia » à Ostabat à 14h30. C'est une très vieille bâtisse. La porte est ouverte et une petite affiche nous invite à nous installer ; les noms des pèlerins sont inscrits sur les portes des chambres. La nôtre se trouve dans le grenier aménagé, au 2ème étage ; nous y montons par un très bel escalier en bois qui a de l'âge.

Nous sommes suivis de près par Jean-Michel, Maryvonne et Françoise. Ils s'installent au 1er étage.

Un peu plus tard arrive le gérant, en bottes boueuses. Vieux gars un peu revêche d'aspect mais qui s'enhardit bientôt. Il nous raconte l'histoire de son gîte et celle de son village.

Nous partons faire quelques courses à la maison multi-services : boulangerie et bar, ce qui nous permet d'apprécier une bonne bière. Jean-Michel et « ses » femmes nous rejoignent. Nous continuons la visite du bourg endormi qui ne s'anime que par l'arrivée des pèlerins (mais ils ne sont pas des milliers). Apéro dans le vieux bar du centre tenu par un Basque pur jus, coiffé du béret et chaussé d'espadrilles.

En arrivant au gîte, nous découvrons deux grandes bouteilles de Sangria qui ont été mises sur la table pour nous par notre hospitalier sympa. Nous en profitons largement.

Dimanche 20 septembre
Ostabat / Saint-Jean-Pied-de-Port [7]

Le Chemin s'étire en alternant constamment chemins de randonnée et routes étroites qui traversent des bourgs éparpillés, des pâturages, des forêts et de grands élevages de volailles.

En chemin, Patrice coupe deux belles cannes de bambou : elles me serviront demain pour monter à Roncevaux. Nous avons pris la décision de faire porter nos sacs pour cette étape un peu longue et difficile ; n'ayant pas de Carrix à tirer, ces bâtons me seront une aide précieuse.

Pause vers 10h près d'une vieille croix en pierre. A Saint-Jean-le-Vieux, nous nous installons sur la terrasse d'un bar pour notre pique-nique arrosé d'un pichet de vin et d'un café. Nous y retrouvons Louisette la grande perche, Bernard et bien d'autres pèlerins connus et inconnus qui s'intéressent à mon Carrix et me demandent de poser pour la photo.

---

[7] Saint-Jean-Pied-de-Port est la dernière localité avant la frontière espagnole et le franchissement des Pyrénées. C'est ici que se rassemblent de nombreux pèlerins qui veulent continuer sur le Chemin de Saint-Jacques à travers toute l'Espagne jusqu'à Saint-Jacques-de-Compostelle

A 14h20 nous entrons dans Saint-Jean-Pied-de-Port par la Porte Saint-Jacques

A l'Accueil des Pèlerins, je suis heureuse d'être accueillie par la même vieille dame qu'il y a trois ans. Elle n'a pas vieilli, mais elle veut arrêter son activité de bénévole cette année au grand dam de ses collègues.

Note gîte « Beilari » anciennement « L'Esprit du Chemin » se trouve juste à côté. Nous sommes au rez-de-chaussée dans une chambre de quatre qui donne sur la rue principale. C'est parfait.

Je peaufine mes bâtons de bambou en lissant les nœuds avec mon couteau suisse pour éviter de me blesser. Puis nous partons faire un petit tour dans la vielle ville de Saint-Jean-Pied-de-Port. Nous nous attablons dehors sur la terrasse d'un café. Nous profitons du Wi-Fi pour envoyer des messages texto et coups de fil à nos enfants et sœurs avant de passer en Espagne où les tarifs téléphoniques seront plus élevés.

Dès 19h00 (heure habituelle du souper des pèlerins) nous dînons dans un resto qui propose un menu pèlerin intéressant.

Lundi 21 septembre
Saint-Jean-Pied-de-Port / Roncesvalles

Le réveil sonne à 6h, bien qu'il faille rester en silence jusqu'à 6h45. Comme nous sommes les seuls en bas, nous ne nous faisons pas remarquer. Nous prenons notre petit-déjeuner à 7h comme prévu. Les sacs sont bouclés et mis dans l'entrée avec le nom du transporteur, sauf celui de Patrice qui veut « jouer au grand » en le portant toute l'étape !

A 7h25, nous descendons dans la rue principale de Saint-Jean-Pied-de-Port, il fait encore nuit.
Dès le départ, la route monte, monte et monte comme le jour qui se pointe et comme le soleil qui se lève et qui restera toujours avec nous toute la journée sans qu'aucun nuage ne vienne le perturber.

Sans nos sacs à dos nous marchons bien et nous apprécions pleinement cette belle montée vers le col.

On peut qualifier cette étape de « royale » non seulement à cause du dénivelé mais aussi en raison des merveilleux paysages : nous avons une vue panoramique sur le piémont pyrénéen ainsi que sur les sommets de la crête pyrénéenne. Plus bas, les vallées sont envahies par des longs rubans de nuages que le soleil déjà ardent ne va pas tarder à avaler.
Arrêt au fameux gîte d'Orisson pour notre pause-café-croissant et pour l'achat de nos sandwichs pour le repas du midi. Nous ne sommes pas les seuls à avoir cette idée car l'auberge accueille, en plus des pèlerins, quantité de cyclistes qui prennent un peu de repos pendant cette longue ascension du col.

Après une bonne grimpette sur un sentier irrégulier et rocailleux, nous avons le plaisir de marcher sur un tapis d'herbe bien rase.

Nous avons atteint la zone des alpages où paissent de grands troupeaux de moutons.

Près de la statue de la Vierge de Biakorri, nous prenons le temps d'observer le travail d'un « border collie ». Le berger siffle deux notes et le chien sort de sa sieste. Avec précaution, presque en rampant, il fait un grand tour pour se placer derrière les moutons les plus éloignés du troupeau. Dès qu'il se redresse, ceux-ci ont compris et rejoignent les autres. Alors, le chien « pousse » le bloc compact en se déplaçant de quelques pas à droite, à gauche... Puis, juché sur un petit surplomb, il surveille attentivement le troupeau lors de la traversée de la route. C'est presque magique. Le berger lui fait entière confiance. Il s'intéresse davantage à un chiot qui doit prendre la relève.

Après le passage du premier col « Bentarte » puis du second « Lepoeder » nous sommes en Espagne et nous descendons par un large sentier qui dégringole dans une forêt dense et qui n'en finit pas.

Dénivelé : 1350 m à la montée et 550 m à la descente.

Vers 15h30 nous sommes à Roncesvalles. Nous passons à la Passada récupérer nos bagages et nous partons nous installer au gîte « Collégiale » de 183 places !

Je laisse à la porte de la Passada mes beaux bâtons de bambou qui m'ont bien servi. C'est dommage de les laisser mais je ne peux pas les utiliser avec mon Carrix. Quand nous revenons à La Passada à 19h00 pour le dîner ils ne sont déjà plus là....

A notre table de cinq places, nous dînons avec un Australien qui débute le Chemin demain. Il s'appelle Edward. Il n'est pas très bavard et ne parle qu'anglais, ce qui limite considérablement notre conversation.

Mardi 22 septembre – Roncesvalles / Zubiri

Réveil à 5h30. Nous prenons notre petit-déjeuner dans la cuisine des pèlerins. De nombreux marcheurs sont déjà prêts à partir. Nous nous dirigeons vers la Passada. Le taxi ramenant And et Patrice à Navarrenx doit venir les chercher à 6h45. C'est avec un peu d'émotion que je vois mon mari monter dans la voiture. En face de nous une pancarte indique « Santiago-de-Compostela 790 km ».

Nous remontons à l'Albergue de la Collégiale boucler nos sacs. Au départ, il pleuviote, ou plutôt nous sommes dans les nuages. Il y a beaucoup de pèlerins.

Nous empruntons surtout des chemins de forêt et montons deux petits cols. De beaux paysages à travers les contreforts pyrénéens. Nous traversons de nombreux petits villages.

Nous faisons notre pause dans un bar avec un café con leche[8] et une part de gâteau fait maison. Nous rencontrons un couple de Lyonnais que nous ne verrons sans doute pas : ils marchent très vite et font 30 à 35 km par jour.
Mon Carrix a toujours autant de succès ; et Monique me dit que l'on me prend en photo de dos, sans que je ne m'en aperçoive.

Grande première aujourd'hui sur le Chemin, je dépasse des pèlerins aussi bien à la montée qu'à la descente. Les 755 km en France avec la traversée du Massif Central et la montée de Roncevaux sont de bons entraînements dont ne bénéficient pas ceux qui débutent à Saint-Jean-Pied-de-Port ou à Roncesvalles.
Je dépasse Edward l'Australien peu bavard ; le pauvre, il semble marcher sur des œufs, il doit déjà sentir ses pieds.

A Zubiri, l'albergue (auberge en français) que je connais, est quasi-complète, il ne reste qu'une place. Le refuge municipal, très spartiate, nous accueille. Fuite d'eau dans les toilettes : impossible de se laver. Certains pèlerins repartent. Il faut attendre trois heures avant qu'un pèlerin espagnol nous dépanne : il résout le problème en cinq minutes.

---

[8] Le nom, Café con Leche (café avec du lait en espagnol), se réfère à la tradition portoricaine de servir le café aux domestiques.Un geste d'amitié et d'hospitalité.

Nous dînons avec deux couples français dans nos âges et une jeune Japonaise qui est partie de Roncesvalles. Puis des jeunes arrivent ; des Espagnols puis un groupe de quatre : Karine, une Américaine, Jean-François un grand rouquin Hollandais (que j'ai croisé hier en haut d'une montée et qui m'a dit « la pêche » en levant son pouce), des Israéliens ; Lior et Dekel qui m'ont aidé aujourd'hui à porter mon Carrix lors de passages délicats. Ils parlent tous le français et c'est agréable de pourvoir discuter avec eux. Lior tient à nous prendre en photo en train de déguster une spécialité israélite qu'elle a cuisinée elle-même. Très bonne ambiance avec tous ces jeunes.

Mercredi 23 septembre – Zubiri / Pamplona

Nous partons sous une petite pluie fine qui ne nous lâchera que vers midi.
Au fur et à mesure que j'avance, je reconnais les lieux fréquentés en 2012 et je peux presque décrire le paysage qui va suivre. Fort heureusement le Chemin à ses surprises et je ne peux pas prévoir comment je vais les accepter et les vivre.

Nous traversons Agoretta, petit village qui a été entièrement rénové pour le tournage de quelques scènes du film "The way".

Nous faisons un bout de route avec Marie-Thé et Claude et déjeunons avec eux près du pont de Trinidad de Arre.

Puis je marche avec un Français dans mes âges. Sa présence ici est due à un pari perdu : il doit faire trois étapes du

Chemin de Compostelle. Il en est à son 2ème jour. L'aventure lui plaît et il pense le faire en entier l'an prochain. Il a choisi de marcher en Espagne car il est originaire de ce pays.

Ce soir nous sommes à Pampelune dans une ancienne église transformée en refuge. Le « Jésus-Maria » est un vaste gîte de 114 places : il est accueillant, très propre et fonctionnel.

Nous allons visiter le centre historique de Pampelune et allons reconnaître la Place où nous prendrons le bus demain matin pour sortir de la ville. (Par précaution, nous chronométrons le temps nécessaire).

Jeudi 24 septembre – Pamplona / Puente la Reina

Comme prévu, nous prenons le bus à 8h ce matin. Marie-Thé et Claude le prennent aussi, mais ils s'arrêtent une ou deux stations avant nous.

La montée de l'Alto de Perdón se passe bien sans trop de difficulté. Ce sommet marque le passage entre les Pyrénées et la région navarraise. Depuis le col, la vue porte au nord, au-delà de Pampelune, jusqu'aux Pyrénées et au sud, sur un

paysage vallonné. Nous nous prenons en photo devant les grandes sculptures (monument dédié aux pèlerins). J'ai une pensée pour D&D (Daniel et Danièle) les Québécois rencontrés à ce même endroit il y a trois ans et avec qui j'ai marché jusqu'à Saint-Jacques-de-Compostelle.

Avant de descendre, j'achète une banane à la marchande ambulante. J'ai droit à une bonne réprimande car la première que je prends étant abimée, je la dépose pour en prendre une autre mais « ça ne se fait pas ».

La descente de l'Alto de Perdón est très raide et caillouteuse, ça ne me gêne pas, au contraire, avec mon Carrix qui me pousse et me stabilise je marche bien.

Je dépasse un couple, lui, est en chaussures « bateau », elle, en tong. Je ne sais pas s'ils sont bien à l'aise, pourtant « *ça va bien* » me disent-ils.

Ils me rattrapent à la pause et nous faisons plus ample connaissance. Ils s'appellent Jean-Philippe et Corine. Ils sont partis de Saint-Jean-Pied-de-Port avec de bonnes chaussures toutes neuves sans les avoir essayées auparavant. Ils ne les supportent pas. Corinne a les doigts de pied éclatés à cause d'ampoules et ne peut absolument pas mettre ses chaussures de marche et Jean-Philippe dit qu'il marche mieux avec ses « bateaux »

A Puente la Reina au refuge « Padres Reparadores » nous retrouvons Marie-Thé, Claude et Andréas, mon copain Carrix, qui marche désormais avec Alexandra la Suisse-Allemande que nous avions perdue de vue depuis début septembre.

Nous sommes six dans notre chambre : nous deux, une autre pèlerine et les trois filles Anne, Stéphanie, Diane (« bourges cathos » de Paris) qui étaient à quelques lits de nous à Pampelune. Elles ne nous parlent pas. Pourtant, j'ai déjà aidé l'une d'elles : elle ne savait pas comment utiliser son téléphone portable pour recevoir et envoyer ses mails par Wi-Fi. Ce soir encore, elle a besoin de moi et me demande de lui remontrer le fonctionnement Wi-Fi.

Nous allons prendre un pot dans le centre en compagnie de Claude et de Marie-Thé. Jean-François le Hollandais vient nous rejoindre. C'est son dernier jour aujourd'hui. Il était « hospitaleros » dans une albergue à Villamayor de Montjardin et avant de partir chez lui, il a fait les premières étapes du Chemin en partant de Ronscesvalles. Il aimerait venir à Nantes ; je lui donne mon adresse au cas où.
Nous allons nous promener sur l'élégant pont qui enjambe la Rio Arga. Edifié au 11ème siècle à la demande d'une reine (d'où le nom de petite ville : Pont de la Reine) c'est un très bel exemple de l'art roman.

De retour au refuge, nous préparons notre dîner. Mais la cuisine est encombrée par quantité de pèlerins qui s'affairent autour des plaques chauffantes. Il faut faire la queue... La vaisselle est plutôt rudimentaire : les assiettes sont dépareillées et des pots de yaourt servent de tasses ou de verres. Mais qu'importe, j'aime bien cette ambiance « bon enfant » où le principal n'est pas dans le confort matériel mais dans le vivre vrai avec les compagnons du Chemin.

Vendredi 25 septembre – Puente la Reina / Estella

Aujourd'hui l'étape est moyennement difficile avec une alternance de montées et de descentes. A un certain moment, un passage délicat pour accéder à un pont m'oblige à porter le Carrix. Je ralentis l'ensemble des pèlerins et notamment un cycliste qui me suit de près. Lui aussi doit porter son vélo mais il est plus habile et plus costaud que moi et je sens qu'il bout d'impatience derrière moi.

Nous traversons de magnifiques et anciens villages tels que Mañeru et Cirauqui.

Puis nous retrouvons le groupe des six pèlerins de l'Ariège avec qui nous cheminons depuis déjà quelques jours. Ils sont bien fatigués. L'un d'eux veut se fabriquer un chariot comme mon Carrix, aussi il le prend en photos sur toutes les coutures.

Une table et des bancs « nous tendent les bras », nous faisons halte pour prendre notre pique-nique du midi. A peine installées, nous voyons arriver trois filles qui auraient bien aimé profiter de notre table. Elles n'osent pas et s'installent sur l'herbe à côte. Bien sûr, nous les invitons à venir avec nous. Thérèse est d'Alençon, Micheline et Laure - filles des îles - vivent à Paris. La conversation s'engage très vite sur le Chemin qu'elles font par étapes. Comme bien d'autres elles sont admiratives devant notre intention de faire tout le Chemin depuis Le Puy-en-Velay jusqu'à Saint-Jacques-de-Compostelle en une seule fois.

Estella : nous sommes les premières à arriver à « l'Albergue ANFAS » - association d'aide aux handicapés mentaux qui s'occupent des pèlerins - Nous sommes très chaleureusement accueillies. On nous prend en photos avec les hospitaliers dont un handicapé léger qui est là pour nous servir.

Une fois installées, nous allons nous balader en ville et faire quelques courses. Estella est une grande ville. Nous retrouvons Claude et Marie-Thé sur la grande place où jouent un grand nombre d'enfants en « s'empiffrant » de bonbons ou autres confiseries. A notre retour, l'albergue est bien remplie, Andreas et Alexandra sont installés dans le même dortoir que nous.

Au menu ce soir : frites à la poêle et escalope de dinde. C'est toujours la cohue dans les cuisines : entre Alexandra qui popote une pizza pour son amoureux et trois Israéliens qui se mijotent un plat de légumes, il nous faut jongler pour cuire nos frites.

L'hospitalero me propose de la bière. A mon arrivée il avait ouvert un litre de bière, avait rempli un grand verre et avait remis la bouteille au Frigo. Je n'avais pas compris que c'était pour moi et que je pouvais en reprendre autant que je le voulais. Ils sont bien sympas dans cette albergue.

Samedi 26 septembre – Estella / Los Arcos

Ce matin en saluant notre hospitalero, celui-ci nous montre la photo prise hier soir à notre arrivée. Nous sommes sur la page Face Book de l'albergue.

Nous marchons sur de larges chemins caillouteux à travers vignes et champs de céréales sur une terre d'un brun rougeâtre. Toujours de belles vues sur un large horizon.

Alexandra est partie seule ce matin. Y aurait-il de l'eau dans le gaz ?

A la pause, nous retrouvons les trois filles d'hier : Thérèse Micheline et Laure. Elles ne se souviennent plus de mon prénom et s'empressent de me le demander car elles veulent nous accompagner par la pensée. Ça fait chaud au cœur !

Nous arrivons à Los Arcos, je cherche l'albergue où j'étais allée il y a trois ans. Je ne reconnais rien, ni la ville, ni les gîtes. C'est comme si je n'étais pas venue dans cet endroit, et pourtant je m'y suis bien arrêtée.

Nous allons au refuge municipal Isaac Santiago ; bien moyen. Il se trouve au-delà des remparts de la vieille ville. Nous sommes dans le grand dortoir, il aurait fallu arriver plus tôt pour avoir des chambres de trois ou quatre personnes. Nous retrouvons Alexandra, elle est installée encore une fois en face de nous. Elle est seule. Pas pour longtemps, Andreas arrive. Elle lui a réservé le lit du bas. Depuis que nous l'avons revue, accompagnée d'Andreas, elle a beaucoup changé ; elle est plus souriante, elle nous dit quelques mots en français et essaie même d'entamer une conversation mais en anglais ! Un changement physique important : elle a dû perdre au moins 10 kg si ce n'est pas 15. Faut dire qu'elle est en surpoids et bien courageuse de marcher ainsi.

Les « bourges-catho » (Anne, Diane, Stéphanie) sont, comme nous, à l'albergue municipale mais dans une chambre de trois. Il ne s'agit pas pour elles de se mélanger avec des hommes. Hier elles ont eu une altercation avec l'hospitalero à ce sujet. Elles voulaient quitter le gîte parce que les couples étaient avec les dames ... Elles ne choisissent que les gîtes religieux mais elles ne sont pas toujours servies comme elles le désireraient.

Nous nous suivons toujours avec Claude et Marie-Thé. Ce soir Claude a tout lavé et désinfecté ses affaires. Depuis deux ou trois jours il est infesté de punaises de lit et couvert de boutons, tous les jours il y en a de nouveaux !

J'ai reçu un mail de Solange, elle m'apprend qu'elle a repris le Chemin. Elle s'est arrêtée lundi dernier à Auritz/Burguete (près de Roncesvalles) car elle avait une blessure au talon qui s'était infectée. Du coup nous avons cinq jours d'avance sur eux. Les reverrons-nous ?

Dimanche 27 septembre – Los Arcos / Viana

910 km de parcourus.
642 km pour atteindre Santiago.

On dort vraiment mal dans les grands dortoirs : entre ceux qui ronflent, ceux qui se lèvent pour aller aux toilettes et qui allument leur lampe frontale plein pot ou qui se tapent dans les chaises, ceux qui allument leur portable je ne sais combien de fois pour voir l'heure, il ne reste pas beaucoup de temps pour dormir tranquille. Les boules « quies » atténuent les bruits mais il faut les supporter !
Tout cela pour dire que cette nuit, je n'ai pas très bien dormi. Et quant à 6 heures, les sonneries-réveil des portables sonnent les unes après les autres, je ne suis pas très en forme...

Aujourd'hui, de nombreuses montées et descentes, parfois sur des sentiers pierreux désagréables, parfois sur des routes départementales plus faciles pour mon Carrix.

J'ai eu beaucoup de mal à me souvenir de Los Arcos, l'étape d'hier, et pourtant le nom de Los Arcos était bien gravé en moi. Ce n'est que ce matin, en marchant, que le tout a ressurgi. C'était le jour de la crémation de Yannick. Soudain tout me revient : la visite de l'église Santa-Maria de styles architecturaux divers : roman, gothique et même baroque et son orgue de style Rococo. Le très beau cloître gothique éclairé par le soleil. Et puis cette place où une bonne centaine de pèlerins, dont moi, dégustaient tortillas, sangria, etc. Et puis le gîte où j'étais installée à côté d'un Canadien qui avait été malade toute la nuit...

J'avais beaucoup apprécié cette petite ville, mais cette année, pas de pot sur la terrasse du café en compagnie de tous les pèlerins, pas de visite du beau cloitre, ce n'était pas du tout la même ambiance.

Il faut que j'accepte que le Chemin cette année soit différent : je ne suis plus tout à fait la même, je ne marche pas seule et que des bons moments j'en ai déjà vécus et que je peux en vivre d'autres ailleurs. En un mot, il faut que je « vive le moment présent » qui ne peut être que « juste ».

En arrivant à Viana sur la place de l'église, grande effervescence, c'est l'apéro du Dimanche qui se poursuit jusqu'à 15 heures. La place, entourée de cafés et de bars, grouille de monde. Plus aucune table aucune chaise de disponible. Le bruit monte jusque dans le refuge paroissial, accolé à l'église, où nous sommes et qui est l'ancien presbytère. Nous logeons dans un dortoir de cinq lits ou plutôt de cinq matelas posés sur le sol. Nous sommes avec deux Italiennes, Silvie et Séréna. Elles parlent toutes les deux français, ce qui facilite l'échange.

Une surprise : Antoine au short délabré est là aussi avec nous au gîte. Je le croyais beaucoup plus loin. Il s'est acheté un nouveau short !

La courte étape d'aujourd'hui (19 km) nous a fait perdre toute la grande famille de pèlerins espagnols, étrangers et français des 3 derniers jours. Beaucoup ont filé jusqu'à Logroño (10 Km plus loin)

Les six pèlerins de l'Ariège sont avachis sur un banc sur la place. Ils attendent le car qui les ramènera chez eux. Compostelle, c'est fini pour eux cette année.

Jean-Philippe (celui qui marche avec des chaussures « bateau ») me raconte son histoire. Nous sommes au frais sur le promontoire d'où l'on a une vue superbe sur la région de la Rioja

Il vit avec Corine (la fille aux tongs) au Sud du Portugal dans une île de 7km de long sur 50 m !!! de large La Praia de Faro.

Il fait partie de l'association de 141 membres (140 Portugais et 1 Français, lui) qui gère l'île, le camping et l'entretien des lieux. Il faut être membre de l'association pour résider sur l'île. Il n'y a pas de construction en dur. Au début il vivait dans son camping-car ; puis il a acheté une caravane double essieu. Il a conservé son camping-car qui lui a servi pour remonter jusqu'à Saint-Jean-Pied-de-Port.

Il n'a pas d'activité régulière : « *je laisse volontiers le travail aux autres ; c'est la seule chose que je sais faire* » me dit-il...

Mais comment vit-il ? Il ne le dit pas. Il paie 50 euros par mois pour vivre dans le camping. La vie là-bas n'est pas chère du tout : 50 centimes le kg de légumes ou de fruits. Et puis, sur l'île, tout pousse facilement.

C'est un dessin animé de TV monde sur Compostelle qui lui a donné l'envie de partir faire le Chemin.

Aujourd'hui j'ai fait la rencontre d'un Palois de 58 ans, Serge, et de sa mère de 78 ans. Celle-ci a des prothèses aux deux genoux. Cette année elle a décidé de marcher pendant deux semaines sur le Chemin. Tout va bien. Elle n'a qu'un problème : elle a du mal à prendre les photos avec son portable, elle ne sait pas effleurer, elle appuie trop fort (dixit son fils). Ils sont de Pau.

J'ai aussi revu Edward l'Australien à deux reprises, peu bavard mais, d'une manière évidente il veut rester seul. Il me fait penser au papa (l'acteur principal dans « The way ») qui fait le Chemin de Compostelle avec l'urne de son fils qui a été tué par l'orage dans le col de Ronceveaux alors qu'il commençait le Chemin. Il marche en solitaire avec ce terrible secret.

Les deux hospitaleros sont des Sud-Africaines et ne parlent que l'anglais.
Pendant le souper, c'est donc la langue anglaise qui est de rigueur. Il y a aussi Michel un Canadien qui parle mieux l'anglais que le français qu'il a appris à l'école. Heureusement pour moi, je suis à côté de Séréna qui me traduit certaines choses en français. Il n'y a que l'anglais d'Antoine - au short tout neuf - que je comprends, c'est plutôt du franglais. Il nous dit que demain et les jours à venir, il veut faire 40 km par jour parce qu'il n'a plus d'argent et qu'il veut arriver rapidement à Santiago.

Lundi 28 septembre – Viana / Navarette

Serge traîne sur le Chemin, il attend sa mère qui doit être derrière. Bien qu'il ait sa polaire et sa parka, il a froid. Il se demande comment je peux faire pour être en tee-shirt. Il commence à s'inquiéter pour sa mère et décide de l'appeler. Elle est devant lui, il ne s'explique pas comment. Elle marche avec Claude et Marie-Thé. Je presse le pas pour les rattraper. J'aimerais avoir des nouvelles de Claude ; ses piqures de punaises empirent, il pense qu'il fait une allergie. Il va aller consulter un médecin à Logrono.

Nous dépassons Antoine, juste avant Logrono, il finit son petit déjeuner. Fera-t-il ses 40 km aujourd'hui ?

Logrono se remet de sa fête des vendanges de 3 jours. On boit et on chante toute la nuit et le jour on dort ; les maisons et les commerces sont tous fermés. Aujourd'hui, bien que la fiesta soit terminée, il n'y a toujours pas grand monde dans les rues, sauf les agents municipaux qui nettoient la chaussée à grands coups de jet d'eau additionnée d'un produit qui sent bon. Il y en a bien besoin.

Claude n'a pu voir de médecin, le cabinet était fermé. Le pharmacien lui a prescrit une pommade à la cortisone.

Nous traversons Logroño tout endormi puis le grand parc San Miguel et la zone de détente de La Grajera qui nous conduit vers un lac artificiel. Beaucoup de marcheurs et de coureurs, c'est un endroit idéal pour le footing matinal. Bien propre et bien entretenu. Nous voilà enfin hors de la ville et nous décidons de nous arrêter pour déjeuner. Antoine arrive à son tour et s'arrête 10 mètres avant nous. Il fait semblant de ne pas nous voir. Nous repartons, il est toujours là. Fera-t-il ses 40 km aujourd'hui ?

A Navarette, nous atteignons le refuge El Cántaro, une grande maison tenue par un couple.
Nous retrouvons Claude et Marie-Thé, Serge et sa maman Liliane, notre Brésilien à brodequins et vélo, Jean Philippe et Corinne. (Depuis 2 jours nous avons perdu les « bourges-catho ») Tout ce petit monde se retrouve au bar excepté Jean-Philippe et Corinne, sans doute pas assez de "tunes" comme il dirait, et le Brésilien qui, lui aussi, n'est pas très argenté : «*Ici, en Espagne, c'est 5 fois plus cher qu'au Brésil* » nous fait-il remarquer.
Liliane nous fait voir ses photos de la lune et du soleil de ce matin. Elle en est fière car elles sont très réussies. Et dire

que son fils assurait qu'elle avait du mal à prendre des photos....

Ce soir au village, il y a une cérémonie avec la sortie de la statue de la Vierge dans les rues. Mais elle a lieu juste à l'heure du dîner et aussi, je me sens trop fatiguée. Dommage.

Mardi 29 septembre – Navarette / Azofra

Autant notre logeuse était sympa et souriante hier lorsque nous sommes arrivées chez elle, autant ce matin, à 7h elle est grincheuse, peu aimable et son visage est totalement fermé. Elle prépare le petit-déjeuner pour ceux qui l'ont commandé. Visiblement, on la dérange, elle pousse nos affaires qui la gênent et se met à repasser pendant que nous préparons, à notre tour, notre repas matinal.

Avant notre départ, Monique a la généreuse idée d'aller la saluer. Du coup, elle est transformée, son visage brusquement s'éclaire d'un beau sourire et elle nous fait même la bise. On a compris que peu de pèlerins avaient cette attention.

Après la montée à l'Alto de San Antón, nous longeons la route à travers des vignobles. La vendange est très mécanisée. La machine à vendanger est relayée par un mini-tractopelle qui transporte le raisin jusqu'à des grandes bennes qui attendent au bout des rangs. Des tracteurs emportent ensuite ces bennes jusqu'au pressoir. Je remarque qu'il y peu de vendangeurs dans chaque vigne et même parfois, il n'y en a qu'un seul.

Arrêt vers 11 h dans un bar à Nájera : jus d'orange frais et racione. Il faut ça pour nous requinquer.

Antoine n'a pas fait ses 40 km hier car nous le voyons passer alors que nous sommes au bar !

Les fera-t-il demain ?

Nous arrivons à Azofra et nous allons directement au refuge « municipal et paroissial » (le seul dans le village) pour déjeuner. Il est relativement neuf et possède des petits box tout en bois à 2 lits. C'est bien sympa.

Je suis surprise de voir l'arrivée de Serge et de Liliane : ils devaient arrêter leur parcours à Nájera mais Liliane voulait à tout prix essayer mon Carrix.

Après avoir pris notre pot (1 verre de vin Rioja à 1 €) au bar du coin, avec Claude Marie-Thé, Liliane et Serge, l'essayage du Carrix commence. Elle ne se débrouille pas mal mais je pense qu'elle en restera là. Je note quand même son adresse mail au cas où je désirerais le vendre.

Claude va beaucoup mieux, la pommade à la cortisone fait son effet.

Nous dînons à côté de deux filles, Annie de Dinard et Monique de Parthenay. Elles font le Chemin de Compostelle par petits bouts sans vraiment de suite, cette fois-ci elles sont parties d'une étape de la voie de Vézelay. Elles nous offrent leur restant de vin, Il est très bon. Elles l'ont acheté à la petite épicerie du coin mais c'est un « vin de famille » comme l'a précisé l'épicière. De l'autre côté de la table se trouvent la Coréenne Jiwoo avec deux Allemandes mais comme nous ne parlons que français, la conversation est vite terminée.

Mercredi 30 septembre – Azofra / Grañón

En sortant d'Azofra, la « Cruz de los Peregrinos »[9] en pierre indique le chemin. Une longue montée nous conduit à Cirueña.

Autour d'un terrain de golf tout neuf se succèdent de larges lotissements occupés par de grandes et belles maisons. Mais celles-ci sont toutes fermées : nous avons l'impression de traverser un village fantôme. Je m'arrête au bar du Golf prendre un petit en-cas, (« station-souvenir » de mon dernier Chemin).

Monique est derrière moi, j'espère qu'elle verra mon Carrix, je l'ai laissé sur le trottoir. C'est un peu le problème de marcher à deux : il est très difficile de concilier le besoin de solitude que le Chemin impose par moment et l'attention que l'on doit porter à l'autre.

Nous sommes maintenant sur le plateau de la Rioja Alta, vaste étendue donnant un avant-goût des plaines de la Meseta entre Burgos et Léon.

Nous traversons Santo Domingo de la Calzada là où se trouve un couple de poules blanches élevées dans l'église et rappelant le miracle de Santo Domingo, l'une des plus populaires légendes du Chemin. Mais comme la visite est payante, nous filons notre route. Tant pis pour les poules.

Nous arrivons à Grañón assez tôt et nous nous rendons directement à notre gîte afin de choisir nos places. Nous sommes les 5eme et 6eme pèlerins pour 30 places. A notre arrivée, l'hospitalero nous offre un verre de sangria avec des cacahuètes en chantant : *"one for you - one for me"*

---

[9] Croix des pèlerins – 16ème siècle – appelée aussi « picota » ancien signe indicateur et pilori.

S'il fait ça avec tous les pèlerins, il va être bien chaud ce soir !

Le gîte s'appelle Hospital de Peregrinos San Juan Bautista et il jouxte l'église de Grañón. Les matelas sont posés à même sur le sol du dortoir et, s'il le faut, on peut aussi en mettre, en bas, dans la Chapelle.

Pendant notre pique-nique, Sioned, une Anglaise qui parle français, s'installe à côté de nous. Elle est partie de Paris par la voie de Tours. Toute seule, elle dormait dans les presbytères. Puis elle a pris le train pour arriver à Saint-Jean-Pied-de-Port. Elle nous assure qu'elle reviendra une autre année pour faire en vélo les étapes qu'elle n'a pas faites à pied.

Claude, Marie-Thé, Serge et Liliane sont également dans ce gîte. Marie-Thé a un problème de genoux. ; elle est allée acheter une genouillère à la pharmacie et je lui donne mon fond de tube GPA. Demain, ils s'arrêtent normalement à l'étape d'avant nous, il est donc peu probable que nous les revoyons. Marie-Thé nous offre le pot d'au-revoir au café du coin.

Au bar, je fais la causette avec deux garçons, un Français et un Espagnol. Ils s'apprennent leur langue maternelle mutuellement. Le Français me dit qu'ils font 40 km par jour et qu'ils vont encore continuer à marcher alors qu'il est 17h. Ils sont partis de Saint-Jean-Pied-de-Port à 16 h et ne se sont arrêtés qu'au village après Roncevaux. J'ai beaucoup de mal à le croire.

En revenant au gîte, nous apercevons Antoine qui arrive ! Il n'a pas fait ses 40 kms encore aujourd'hui. En fait, il a une tendinite sur le devant de la jambe.
Entre vouloir faire 40 km par jour et les faire, il y a une grosse différence. Le Chemin a ses surprises !
Beaucoup d'étrangers dans le gîte mais nous sommes quand même 9 Français.

Ce soir, avant le repas en commun, il y a eu une messe avec bénédiction des pèlerins et, après le repas, un temps de méditation et d'expression sur le Chemin. Temps très fort dans l'obscurité de l'église où seules les stalles sont faiblement éclairées à la bougie.

Paroles d'encouragement reçues

Coucou les filles!! Comment allez-vous? Nous avons beaucoup pensé à vous, même que dimanche matin, j'ai dit à Maryvonne que j'étais partante pour continuer et vous suivre!!! Où êtes-vous ce soir? J'imagine votre joie d'être en Espagne!!! Allez GO!!GO!!! Je suis avec vous à fond!! ULTREIA

Bravo pour ta persévérance. J'imagine qu'en France les chemins n'ont pas toujours été faciles pour ta Carrix. Tu connaîtras un bon répit en Espagne, particulièrement sur les 200 kms de la Meseta. Bonne continuation de ton Chemin.

Nous allons souhaiter que tu aies la connexion nécessaire sur ton beau chemin de pèlerine pour avoir des nouvelles et nous en donner ! Tu n'es pas seule sur ce chemin si dur soit-il !
Et puis je crois surtout que pour toi c'est un vrai chemin spirituel... Profites-en bien même si la course est longue et difficile physiquement. Ta famille et nous-mêmes sommes fiers de toi. L'arrivée de nos messages et la réception des tiens nous mettent en proche relation. Merci de nous présenter au Seigneur avec nos

intentions et celles qui nous sont confiées. Je ne te fais pas de liste, car le Seigneur connait ! Allez Joëlle ! Marche et chante la gloire de Dieu !

Merci pour tes nouvelles. Fabuleux ! Belle deuxième aventure. J'ai eu une Amie : Martine qui est partie, seule, du Puy en Velay il y a deux semaines environ. Vous ne vous croiserez sans doute pas sur le chemin de Compostelle mais peut-être sur un autre chemin. Dans mon entourage, j'entends parler de plus en plus du Chemin de Compostelle. Les gens ont-ils besoin de se ressourcer ? De vivre une aventure ? De connaître le dépassement de soi ?...
Au plaisir d'échanger et/ou lire ton édition (tome 2)...
Courage - et toujours respect : tu es formidable (ton enrichissement personnel partagé rayonne sur ton entourage)
Souvent nous parlons de vous deux, de votre persévérance, de votre courage lors de la tempête j'ai eu un copain du SO au tél, beaucoup de dégâts dans les vergers et maisons sur Montauban et les environs. Je comprends que parfois vous avez eu de la peine sur les chemins bordés d'arbres.
Courage les filles St Jacques n'est qu'à 500Km, avec le soutien de Dédé et Patrice le parcours paraîtra plus court. Nous vous soutenons

Coucou mamie je suis très contente de ma mamie que j'aime comment vas- tu ??

Voilà bientôt une semaine que nous vous avons quittées pour revenir chez nous!!
Pendant ce temps vous avez dû avancer sur le Camino Frances, nous vous espérons en forme et pleines d'enthousiasme, après les quelques jours de chemin en compagnie de vos époux.
Nous pensons chaque jour à vous, avec de belles rencontres et d'autres aventures.
Bon dimanche à vous 2 et bon camino!!
Embrassez pour nous Solange et Paul si vous les rencontrez.
On vous embrasse avec le cœur jacquet

Nous sommes contents d'apprendre que vous allez bien et que vous n'avez pas de (gros) problèmes de santé...
Quelques petites ampoules quand même?
Ne mangez pas trop de tapas, de lomo, de chorizo, etc.
Mais la cerveza est autorisée pour la récupération (les bienfaits du houblon!)

Merci pour les nouvelles qu'Olivier nous transmet fidèlement !
Celles d'aujourd'hui sont denses........et je vois que vous avez bien rempli et apprécié votre journée de mardi ! Il est vrai que le bon vin réjouit le cœur de l'homme........et le nôtre par la même occasion !
Votre hôtesse aurait peut-être dû vous accueillir avec un petit vin frais ?
Mais la gentillesse a eu raison de son humeur....c'est encore mieux !
Je ne savais pas ce qu'était un Carrix........ Apparemment il a du succès......tu apprécies ?
Bonne continuation, je vous souhaite une bonne route, ou plutôt "bon chemin", plein de belles rencontres et d'échanges (quand c'est possible !)

Jeudi 1ᵉʳ octobre - Grañón / Tosantos

Je suis surprise de voir Claude et Marie-Thé au petit-déjeuner dès 6h30. Ils n'étaient pourtant pas pressés aujourd'hui, mais voilà, un pèlerin a eu la bonne idée d'allumer tout le dortoir à 6h00 !

Liliane et Serge partent en premier, nous les rattrapons vite. Nous marchons quelque temps ensemble. Serge me demande si, avec le temps, nous qui sommes parties depuis le 14 août, nous trouvons les étapes moins dures ? Je lui réponds que notre corps s'habitue à l'effort si bien que nous allons plus vite et que nous sommes moins fatiguées.

Sentiers cailloucteux, parfois asphaltés, qui s'enfoncent dans les « greniers à grains » de l'Espagne. D'immenses champs de blé fauchés dominent sur un paysage de collines basses dont la monotonie n'est interrompue que par quelques rares petits villages.

Les deux garçons rencontrés au bar hier soir me dépassent. Quelle n'est pas ma surprise de les voir et je leur en fais part. Ils se sont arrêtés au village, tout près de notre gîte, car le Français avait mal à une cheville et, ce matin, c'est très dur ; il pense avoir une tendinite. Aujourd'hui, ils ne font que 15 km. Le Chemin est là pour nous apprendre l'humilité....

Nous nous arrêtons à Boladero pour notre pause de 11h. Autre surprise : sur la terrasse d'un bar, Jean-Philippe et Corinne sont là. Nous nous installons à côté d'eux et nous apprenons qu'ils sont venus en bus, qu'ils attendent un autre bus qui les conduira jusqu'à Burgos. Jean-Philippe, a mal au gros orteil. On lui a dit que c'était une tendinite : il est incapable de marcher. Il veut se reposer quelques jours à Burgos « parce que là, à Boladero c'est pourri ». Je ne sais pas s'ils iront loin, chaussés comme ils le sont avec tong pour elle et chaussures « bateaux » pour lui.
Ils sont partis de Saint-Jean-Pied-de-Port sans savoir quoi que ce soit sur le Chemin, sans guide ni aucun renseignement et bien entendu, sans aucun entraînement.

La barmaid nous fait attendre plusieurs minutes avant de nous demander ce que nous voulons. Elle sert ceux de droite, ceux de gauche, qui sont pourtant arrivés après nous (mais ce sont des habitués), elle range sa vaisselle, etc. Lassées d'attendre, nous sortons du bar et regagnons notre table sur la terrasse. Nous mangeons notre banane, utilisons « ses » WC et partons. Visiblement, elle ne voulait pas nous servir notre jus d'orange ou alors elle n'aime pas les pèlerins.

Nous arrivons à Tosantos vers 13h. Nous allons nous inscrire au Refuge paroissial, qui est l'ancien presbytère, avec dortoir à matelas sur le sol. Puis, nous prenons notre pique-nique dans le jardin sur une table au soleil.

Depuis longtemps, on nous parle d'un couple qui marche avec un petit enfant. Nous faisons leur connaissance car ils se sont arrêtés à notre gîte. Jeff est américain, Kate est anglaise et leur petit garçon Bodhi a 2 ans depuis mai. Ils voyagent avec un charriot à 3 roues. C'est un véhicule original qui s'adapte derrière un vélo si l'on enlève la roue de devant. C'est ainsi qu'ils ont parcouru la France pendant un an pédalant du Nord au Sud et de l'Ouest à l'Est. Ils sont partis du Puy-en-Velay deux mois avant nous. Ils campent tous les soirs ; pour ne pas être vus, ils installent leur tente vers 20 h et la replient avant le jour. Une fois par semaine Kate réclame une douche et ils viennent alors dans un gîte.

Préparation en commun du repas du soir. Le cuistot est très exigeant. Il faut couper « menu-menu » la salade, les pommes de terre, les œufs, les poivrons, les oignons etc. Nos efforts sont récompensés : la salade composée est très bonne.

Au dîner, je suis assise à côté d'un Israélien, il s'appelle Roi. Il parle un petit peu français. A la table il y a 4 Japonais, 2 Italiens ,1 Allemande ,1 Hollandaise, 2 Canadiennes - la mère et sa fille - et bien sûr, Jeff Kate et Bodhi.

La soirée prière est très longue, je suis fatiguée et il est tard. Elle se termine à 22h30 ; habituellement je dors déjà depuis au moins 1h !

Vendredi 2 octobre – Tosantos / Agès

Ce matin aucun réveil n'a sonné, résultat le dortoir s'allume avec trois quarts d'heure de retard (6h45).
Au petit-déjeuner, Roi, l'Israélien, nous montre toutes ses piqures de punaises, enfin celles qui sont visibles, je suppose qu'il doit en avoir partout sur le corps. Merci nos plastiques.
Je lui prête mon huile essentielle de « lavande-aspic » pour le calmer un peu, je le plains. Ça ne va pas être drôle pour lui, aujourd'hui et les jours à venir.

Nous partons avec une bonne demi-heure de retard.
Le paysage devient plus vert, le Chemin monte à 945 m jusqu'à Villafranca. Montée pentue ensuite dans la vaste forêt des Monts d'Oca (1162 m). Des chênes couverts de mousses et des fougères denses créent une ambiance presque magique. Puis le Chemin passe par un large coupe-feu.

Nous nous arrêtons assez vite pour notre pause dans un bar : tortillas avec café con leche. Serge et Liliane nous talonnent ; ils sont partis de bonne heure et ont bien marché. Tout un groupe d' « Amerloques » font une partie de l'étape d'aujourd'hui. Ils envahissent les toilettes et je suis obligée de faire la queue 15 bonnes minutes.

Nous les retrouvons à la pause de 13h à San Juan de Ortega. Un car les attend.

Nous voyons arriver Liliane et Serge. « Bravo Liliane, tu as bien marché ». C'est probablement la dernière fois que nous les voyons car ils s'arrêtent à Burgos.

Le jeune couple Japonais est là aussi. Elle a sorti un seau en plastique de son sac à dos, l'a rempli d'eau froide et y trempe les pieds. Puis elle repart, elle marche très difficilement son sac à dos semble bien lourd. Lui aussi a un sac à dos bien chargé.

Nous continuons, il nous reste 1 h de marche pour finir notre étape. Un jeune couple français nous dépasse. Après les salutations d'usage sur le Chemin, ils filent leur route. Nous les retrouvons au gîte privé El Pajar de Agès. Nous sommes dans la même chambre de 6 lits et à la même table pour le dîner. Lui, c'est Jean, 48 ans, elle c'est Suzel 41 ans. Ils font le Chemin par étapes. Ils sont partis il y a 2 jours et vont jusqu'à Léon. Bonne soirée d'échanges sur l'expérience du Chemin.

Jiwoo est là aussi, on échange nos mails pour envoi respectif de photos. Il y a aussi notre blonde Anglaise et le jeune hospitalero de Grañón. Je suppose qu'il a terminé sa période de bénévolat et qu'il continue le Chemin.

Samedi 3 octobre
Agès / Burgos / Rabé de las Calzadas

Jiwoo part avec nous ce matin. Il fait froid et elle me prête ses gants en polaire blanc. Elle veut nous prendre en photos : nous trois, puis Monique et moi devant le lever du soleil. Elle doit me les envoyer par mail. Nous continuons de marcher ensemble jusqu'à la pause.

Nous montons un petit col (1081 m) - par endroits difficiles et caillouteux - qui nous amène sur le plateau de Matagrande où la vue s'ouvre sur Burgos. La descente est toute aussi caillouteuse et le Carrix saute comme un cabri.

A Villafria (banlieue de Burgos), nous prenons le bus pour Burgos. Le Samedi, il passe toutes les heures et nous venons juste de le rater, il faut attendre le prochain. Mais ça vaut le coup car cela nous évite les 12 km de zone industrielle et commerciale pour arriver au centre historique de Burgos.

Burgos est en pleine ébullition. Il y a une fête médiévale. Des adultes, enfants et même des chiens sont costumés et attendent au bord des rues pour participer au défilé. Nous nous faufilons à travers la foule et les stands qui sont installés un peu partout dans les rues et places, pour aller à la Cathédrale et à l'Office de tourisme.

Nous connaissons déjà Burgos ; nous l'avons visité de long en large il y a 3 ans et l'effervescence de la ville est très dure à supporter après toutes ces journées au calme dans la campagne espagnole et française. Aussi, nous voulons nous rendre à la gare routière pour prendre un autobus qui nous sortira de la ville. Mais il nous faut traverser la foule et croyez-moi, avec un Carrix, ce n'est pas de la tarte. Il est 13h30, trop tard, l'autobus vient de partir... C'est samedi et le prochain est à 19h30 ! ...

Nous nous enfilons un grand sandwich à la tortillas de patatas à la cafétéria de la gare, faisons quelques courses pour notre repas du soir et prenons un taxi qui nous amène à Tardajos, premier village après Burgos. Nous faisons à pied les 3 km pour aller jusqu'à notre gîte à Rabé. Il est exceptionnellement fermé. Ouf ! Il y en a un autre, il n'est pas plein mais se remplit rapidement. Nous sommes dans une chambre à quatre, avec deux garçons Espagnols.

Bien sûr, avec tout ça, nous perdons nos compagnons de Chemin : certains s'arrêtent à Burgos comme Claude et Marie-Thé, Serge et Liliane. C'est l'occasion de faire connaissance avec de nouveaux.

Dimanche 4 octobre – Rabé de las Calzadas / Hontanas

Vraiment, il me manque de savoir parler anglais. Hier soir, dans le gîte, nous étions les seules Françaises et nous sommes restées dans notre coin. Par ailleurs, nous ne prenons pas le dîner commun par souci d'économie, ça ne facilite pas les rencontres. Dans les repas, le meilleur est souvent de savourer la présence des autres.
Nous sommes allées pique-niquer dehors au soleil couchant. Il ne faisait pas très chaud, mais le coucher de soleil était magnifique et j'ai pu me remplir et me nourrir de ce beau ciel. Ce qui est qui est merveilleux sur le Chemin ; c'est qu'il peut rapidement modifier ton humeur !

Les 2 mecs Espagnols de notre chambre sont venus se coucher assez tard, nous dormions déjà et, ce matin, nous nous sommes levées avant eux. Donc aucune parole échangée.

Beaucoup de vent, de la pluie et pas beaucoup de pèlerins. Ceux qui étaient avec nous au gîte ont filé devant.

Nous commençons à découvrir le paysage de la Meseta fait de « Tierras de Campos » champs de blé, étendues plates, presque inhabitées, démoralisantes et monotones. Pour éviter cette partie, certains pèlerins prennent le bus jusqu'à Léon mais c'est dommage de se priver de cette immensité nue qui favorise, je le pense, la méditation et l'intériorité.

Au premier village traversé, et ce fut le seul de l'étape, nous croisons une Française qui partait dans l'autre sens. Elle était perdue, elle sortait d'un taxi venant de Burgos. Elle nous explique qu'elle a pris un organisme pour l'aider à faire le Chemin. Cet organisme gère la recherche des gîtes, le transport des affaires personnelles et la longueur des étapes. Aujourd'hui, elle n'a qu'un tout petit sac à dos et n'a qu'une dizaine de kilomètres à faire. D'habitude elle marche avec sa sœur mais comme elle est enrhumée, elle a continuée avec le taxi.

Nous dépassons quelques pèlerins plus âgés que nous *(ça me fait plaisir de noter ça ! c'est bien souvent le contraire)* puis nous traversons l'ancien petit hameau de San Bol qui a été abandonné en 1503 par ses habitants pour des raisons inconnues. Nous remontons vers le plateau. Aucune bourgade pendant des kilomètres et nous nous retrouvons subitement au-dessus de Hontanas[10] qui est niché dans le creux d'une vallée.

Au gîte El Puntid, nous retrouvons Jean et Suzel, elle a mal à une cuisse et fonctionne à grand coup d'anti-inflammatoires. Sioned, notre blonde Anglaise, est là aussi, nous échangeons quelques mots.

Lundi 5 octobre – Hontanas / Boadilla del Camino

L'itinéraire d'aujourd'hui emprunte des chemins vicinaux bien visibles sur les vastes plateaux. Etendues plates, immenses et infinies. Le Chemin traverse un paysage vide impressionnant. Il est encore possible de perdre la notion du temps sur ce plateau presque sans arbre, et les heures semblent interminables !

Une longue étape aujourd'hui (30 km) avec beaucoup de vent de face et des averses de temps en temps. Très peu de pèlerins. Mais où sont-ils ? Ils ont dû prendre le bus jusqu'à Léon !

---

[10] Les gens du cru affirment que l'eau de la fontaine de l'église est très saine. Le nom de la bourgade vient de l'ancien mot signifiant fontaine (fontanas).

Peu de temps après notre départ (environ 1 h) nous arrivons à San Antón[11] puis c'est Castrojeriz, l'un des villages les plus longs sur le Chemin. Après la traversée de ce village commence l'ascension de l'Alto de Mostelares (913 m) par un large sentier caillouteux. Dans la descente, la plaine cultivée de champs de blé s'étend à nos pieds.

J'ai rencontrée Sioned, notre blonde Anglaise, à deux reprises aujourd'hui. Elle a fait connaissance d'un compagnon et chemine avec lui maintenant. Aujourd'hui ils vont plus loin, jusqu'à Frómista (8km en plus) pour trouver une pharmacie, elle a mal à la gorge et aux pieds ; son compagnon l'aide de son mieux.

Nous arrivons à Boadilla del Camino, notre étape, et nous nous arrêtons au gîte que nous avions choisi pour sa cuisine « libre ». Première bizarre impression, on ne voit rien, tout est clos. Nous ouvrons le portail et nous sommes dans une cour couverte. Un jeune, genre hippie nous invite à poser notre sac et à nous reposer quelques instants. Il s'en va et revient peu après avec un autre jeune du même genre qui nous dit d'une manière peu aimable que le gîte est plein et qu'il y en a trois autres dans le village. Visiblement on ne veut pas de nous. Nous passons devant le gîte Municipal, il ne nous inspire pas beaucoup et le copain de Sioned qui y est entré boire un café ne nous le recommande pas non plus. Nous nous décidons pour le gîte privé l'Albergue En el Camino. Dès que nous franchissons la porte d'entrée, je le

---

[11] San Antón compte parmi les ruines les plus bizarres en bordure du Chemin. La départementale actuelle suivant strictement la route historique des pèlerins, elle s'étire à travers la voûte en plein cintre qui reliait jadis le monastère à l'église. San Antón Abad, toujours représenté flanqué d'un porc, est le patron des animaux. En son honneur, on bénit religieusement des animaux de rente et domestiques dans toute l'Espagne le 17 janvier, à San Antón aussi naturellement.

reconnais tout de suite, j'y étais il y a 3 ans, il est super. Nous y retrouvons Roi, les Japonais et bien d'autres pèlerins étrangers qui cheminent avec nous.

Nous faisons la connaissance de 3 Français : Marie-Christine, François son frère de Toulouse et Claudette de Châteauroux. Ils font le Chemin par étapes, c'est leur 4ème année. Nous dînons à la même table qu'eux avec le couple japonais. Ceux-ci me montrent une photo de moi vue de dos avec mon Carrix. Je vais être connu dans le monde entier.

Après le dîner, nos trois Français jouent à la belote. Il pleut « à verse ». Ça promet pour demain !

J'ai reçu un mail de ma nièce Marie qui m'envoie le texte d'un chant qui correspond bien à ce que je vis :

1. Va plus loin ne marche pas tout seul
   Va plus loin c'est si beau à plusieurs.

2. Va plus loin découvre à chaque pas
   Va plus loin partage tes bonheurs

3. Va plus loin ne désespère pas
   Va plus loin au-delà des froideurs.

4. Va plus loin un défi sous tes pas
   Va plus loin du monde soit l'acteur.

   Va plus loin, va plus loin.

Mardi 6 octobre
Boadilla del Camino / Carrión de los Condes

Ce matin, nous avons échangé nos adresses mails avec Roi. Il arrête le Chemin ce soir. Il regagne Léon puis Santiago et prend son avion pour Tel-Aviv.

Chez lui, en Israël, il pourra se faire aider pour correspondre avec moi en français.

Nous sommes depuis 15/20 minutes sur le Chemin lorsque nous voyons une voiture en travers du sentier. Attention au traquenard. Une fille nous suit au loin. Nous ralentissons. A trois, nous serons plus fortes. Puis une autre voiture arrive derrière nous. Mais qu'est-ce qui se passe ? Nous nous arrêtons, la voiture nous dépasse, il y a cinq hommes dedans ! Elle arrive au niveau de la voiture. Tout le monde descend.

Plus de peur que de mal, ils essaient de sortir la voiture qui avait le derrière dans le fossé. En passant, nous reconnaissons le mec du gîte. Ouf !

Le Chemin tombe sur le Canal de Castille et se poursuit sur l'ancien chemin de halage jusqu'à l'écluse à l'entrée de Fromista. Une scène du film « St Jacques la Mecque » a été tournée à cet endroit.

Une mer infinie de champs de blé continue de border le chemin avec quelques constructions typiques en torchis. Il y a du grand vent. Nous longeons une route toute droite pendant 17 km. C'est dur.

A 13h, nous nous arrêtons dans le village Villalcázar de Sirga pour acheter de quoi manger. Nous ne trouvons rien et nous entrons dans un bar, il n'y a aucun client. Nous commandons une salade et une cerveza pour moi puis nous nous installons dehors au soleil et à l'abri du vent. On vient m'apporter ma bière et avec, oh surprise ! une assiette d'escargots farcis au poivron, piment et lardons et deux tranches de pain : D E L I C I E U X.

Après notre salade, nous prenons une glace et voilà un bon petit repas à 5 € qui nous change de nos sandwichs.

Il nous reste 5 bons kilomètres à faire avant d'arriver à Carrión de los Condes. Nous rencontrons deux Français, un de St Herblain, l'autre de Roanne. Ils vont dormir à l'hôtel. C'est une rencontre très éphémère mais qui me remplit de joie. Un quart d'heure de marche commune avec un pèlerin sur le Chemin est un moment inoubliable tellement ces moments sont pleins de présence l'un à l'autre.

A l'albergue, Espíritu Santo tenue par les Sœurs de Saint-Vincent-de-Paul, il y a beaucoup de monde, surtout à la cuisine. Il faut vraiment jouer des coudes et ruser pour accéder aux plaques de cuisson. Il faut dire aussi qu'une plaque est mobilisée par deux jeunes qui font cuire au moins la valeur de 2 poulets dans une grande marmite qui déborde sur les autres feux de cuisson et ça va mijoter pendant plus de 2 heures !

Nous nous préparons des croque-monsieur pour utiliser notre vieux pain (des sandwichs chauds comme on dit autour de nous), c'est très bon.

A côté de nous, une grande table de filles. On me demande de les prendre en photo avec leur appareil-photo respectif. La longue série des photos commence. Parmi toutes ces pèlerines, il y en a une qui est partie de Vezelay. Nadine. Elle a trouvé cette voie très dure non pas physiquement mais psychiquement ; elle a rencontré très peu de pèlerins et marché pendant des jours et des jours, seule, en étant également seule dans les gîtes. Elle doit avoir mal aux pieds car je la vois marcher péniblement mais elle veut continuer et aller jusqu'au bout en prenant son temps. J'ai eu de ses nouvelles par la suite, elle est arrivée à Santiago le 1er novembre et à Finisterra le 6 novembre. Bravo !

Nous sommes dans un dortoir de filles et nous pouvons « nous promener en petite culotte » comme nous le dit la Sœur hospitalière.
J'ai attrapé froid, je me sens toute fiévreuse. Une dose « d'oscillo », je me couche et je m'endors très vite. En ronflant m'a-t-on dit. Dommage car j'aurais aimé participer à messe de 20h00 où a lieu une bénédiction spéciale pour chaque pèlerin.

Mercredi 7 octobre
Carrión de los Condes / Terradillos de los Templarios

Avant de partir de l'albergue, deux filles de la table d'hier soir, Carmen et Mireille, me demandent, vu mon expérience d'il y a 3 ans, comment faire pour se faire transporter. Elles ne sont pas en forme mais voudraient quand même continuer. Elles vont sans doute prendre un car.

4 à 5 km après Carrión, le Chemin emprunte pendant 12 km la route d'origine, l'ancienne voie romaine Via Aquitana, qui s'étire en ligne droite à travers la plaine cultivée de champs de blé, sans aucun arbre. Une amélioration toutefois par rapport à 3 ans, il y a, à mi-chemin, un bar ambulant qui propose boisson chaude ou froide, sandwichs, grillade, etc.

Il n'y a malheureusement pas de WC. Pour trouver un endroit propice sur cette route rectiligne sans arbre, ce n'est pas une petite sinécure.

Au bout de la Via Aquitana, il nous reste encore une dizaine de km à faire dont 6 à 7 km sur un chemin pédestre à côté de la route nationale.
Nous arrivons enfin à Terradillos de los Templarios et trouvons l'Albergue Jacques de Molay (dernier grand moine des Templiers mort sur le bûcher)

Je retrouve Michel du Lot et Garonne déjà rencontré sur le Chemin et notamment à l'Albergue En el Camino à Boadilla del Camino.
Sa femme est décédée l'an dernier le 15 Octobre et le 18 octobre il est parti à pied, en pèlerinage, jusqu'à Lourdes. Son papa l'avait fait avant lui et il ne voulait pas mourir sans l'avoir fait lui-même. Arrivé à Lourdes, il décide de poursuivre sur le Chemin de Compostelle. A cette période, il fallait vraiment vouloir le faire. Il fait froid, il neige, très peu de gîtes sont ouverts, etc.
Cette année, il le refait « correctement car l'an dernier c'était un peu du n'importe quoi » me dit-il, et il a vraiment souffert de la solitude.
Il me donne quelques tuyaux pour le Chemin à venir.
Demain, il prend un autre itinéraire que le nôtre mais nous pourrons le retrouver après-demain ou Samedi à Léon.

Edward, notre Australien est là aussi, toujours aussi peu bavard.

Jeudi 8 octobre
Terradillos de los Templarios/Bercianos del Real Camino

Paysage toujours aussi peu spectaculaire. On quitte la Province de Palencia pour celle de Léon. Toute l'étape se fait sur un petit sentier monotone bordé de petits marronniers à côté de l'ancienne départementale.

Notre petite Coréenne Jo Sumi, que nous suivons depuis quelques jours, a toujours du mal à marcher. Aujourd'hui encore elle marche avec ses « Crocs ». Elle est bien courageuse. On s'est pris en photo mutuellement.

Nous arrivons au Refuge Paroissial – Casa Rectoral – Donativo. J'ai le même lit qu'il y a 3 ans. Il n'y a pas de Wi-Fi. Il faut aller au bar d'à côté. Le propriétaire, malin, a bien affiché le code mais a masqué les derniers chiffres. Il ne les donne que si tu consommes !

Au moment du repas on se présente, nom et pays. Beaucoup de Canadiens, des Estoniens, des Italiens dont un Napolitain, des Américains, des Hollandais, des Anglais, des Espagnols, un Norvégien (celui qui donne l'impression d'avoir les genoux pliés quand il marche), des Irlandais et deux Françaises : nous deux. (Je pense n'avoir oublié personne !) Chacun doit chanter dans sa langue une chanson de son pays. Epreuve difficile, sans préparation. Nous optons, Monique et moi, pour « Ah ! Le petit vin blanc, qu'on boit sous les tonnelles » Ce n'est pas génial mais c'est tout ce que nous avons trouvé. Et encore nous ne connaissions pas toutes les paroles. Soirée bien sympa.

Vendredi 9 octobre
Bercianos del Real Camino / Mansilla de las Mulas

Au petit-déjeuner, j'entends un Canadien parler français. Il s'appelle Doug. Nous prenons notre petit-déjeuner ensemble tout en discutant intensément. Il en oublie son adaptateur électrique - je l'ai su en arrivant au gîte le soir : il est dans la même chambre que moi -.

Nous retrouvons notre sentier planté d'arbres à côté de l'ancienne départementale. Vastes champs avec quelques bosquets. Passages peu spectaculaires, voire monotones.

A Mansilla de las Mulas, nous nous arrêtons au même Refuge municipal qu'il y a trois ans mais la gérante, Laura, qui est toujours aussi sympathique, ne propose plus le soin des pieds. La dernière fois elle m'avait soignée et fait un joli pansement à mon gros orteil qui était infecté. Mais cette année j'ai la chance de n'avoir aucun « bobo » aux pieds.

Nous nous installons dans un dortoir de 10 lits, Doug est déjà arrivé. Carmen de Perpignan et Mireille de Valence rencontrées à Carrión de los Condes et qui avaient pris un car, sont dans la même chambre que nous. Nous faisons plus ample connaissance.

Je suis installée dans la charmante cour intérieure à déguster une bonne bière fraîche lorsqu'un garçon vient s'attabler en face de moi. Visiblement, il a envie de parler. Il s'appelle Pascal – 42 ans – habite Valence dans la Drôme. Il est parti du Puy-en-Velay fin août. Nous discutons de notre expérience commune du Chemin, qui nous façonne et nous ouvre d'autres horizons. Après cette première expérience, il a envie de refaire le Chemin avec un non-voyant, pour être ses yeux, ou alors avec un handicapé.

Jo Sumi, notre petite Coréenne, est là elle aussi. Elle s'occupe de ses chaussures et de ses pieds. Elle pousse un grand cri de joie quand elle réussit à enfiler ses chaussures et à marcher sans douleur. Une bataille de gagnée !

Nous avons décidé, Monique et moi, de prendre l'autobus demain matin qui nous emmènera jusqu'au centre-ville de Léon. Nous partons, en éclairage, jusqu'à la Gare routière pour nous rendre compte du temps qu'il nous faut pour s'y rendre et voir les horaires de bus.

Samedi 10 octobre
Mansilla de las Mulas / Léon / Virgen del Camino

Ce matin, au petit déjeuner, la cuisine est remplie d'odeurs aux saveurs exotiques. Ce sont trois jeunes Coréens qui préparent le repas du midi, pour tout un groupe d'ados coréens. Ils envahissent les lieux ; il est bien difficile de se faire une place et d'apprécier notre café-pain-beurre-confiture !

Aujourd'hui premier jour de repos mais sans perdre de km. Comme prévu, nous prenons l'autobus qui nous conduit au centre de Léon. Nous ne sommes pas les seules à avoir eu cette idée, l'autobus est rempli à 80 % de pèlerins ; le chauffeur doit avoir l'habitude car il a ouvert toutes grandes les soutes pour que l'on y dépose nos sacs à dos. C'est fête à Léon comme à Burgos le week-end dernier. Une Française nous interpelle, elle nous a entendues parler sa langue. Avec nous, elle se sentira plus rassurée. Elle veut nous suivre mais nous avons quelques achats à faire. Elle s'appelle Juliette.

Comme nous avons déjà visité Léon il y a trois ans, nous décidons de reprendre le bus dès aujourd'hui pour aller jusqu'à Virgen del Camino (Vierge du Chemin[12]). Après renseignement à l'Office de Tourisme et un petit tour devant la Cathédrale (l'entrée est payante), nous nous dirigeons vers la place centrale où s'arrêtent les autobus. Nous sommes en avance et nous prenons le temps d'aller déguster un petit « en-cas » dans un très beau bar tout proche. Mon Carrix est encombrant et ne peut entrer à l'intérieur. Un gentil monsieur se propose de me le garder dehors à la porte il me donne aussi une clé d'accès à la Wi-Fi. C'est super sympa mais tout en surfant sur Internet, attablée près de l'entrée, je jette un œil sur mon Carrix.

Nous reprenons notre bus en compagnie de Carmen et Mireille et de bien d'autres pèlerins. Nous sortons de Léon

---

[12] La Virgen del Camino, entourée de légendes, est très vénérée dans toute la région. Un édifice religieux moderne a été construit dans les années 60. Il est plutôt contesté en raison de son esthétique de béton ressemblant au style du Corbusier. A l'intérieur, on est très surpris d'y découvrir un autel baroque du 18ème s. ainsi qu'une représentation de la Vierge du 16ème s.

et nous arrivons à Virgen del Camino. Nous avons un peu de difficulté pour trouver notre Refuge Municipal. Il est super, clair, propre, spacieux. Nous avons de la chance, il ferme ses portes demain pour tout l'hiver.
Nous retrouvons Pascal et Juliette.

Nous dînons avec Carmen Mireille et Pascal le sujet de discussion c'est bien évidemment le Chemin. Pascal a été licencié, il travaillait depuis 10 ans dans l'entreprise ; un grand groupe Caravane-Camping-car-Loisirs. Il s'est porté volontaire pour faire partie du wagon de licenciements économiques; il a fait le tour de son poste et désire voire autre chose mais avant tout il veut faire le Chemin de Compostelle. Il avait ce projet il y a 10 ans lorsqu'il a été embauché par cette boîte.

Dimanche 11 octobre
Virgen del Camino / Hospital de Órbigo

Cette étape se fait par un sentier parallèle à la N120 avec la traversée de quelques bourgades. Pas très attrayant.

Avec la pénombre du lever du jour, nous ne voyons pas la bonne indication et nous suivons bêtement Edward notre Australien. Il y a bien quelques coquilles jaunes çà et là, mais d'autres sont peintes en noir. Bizarre. Le sentier est très gras et mon Carrix ne cesse de s'embourber. J'ai la certitude que ce n'est pas le bon Chemin. On fait demi-tour. Edward continue, il est trop loin devant nous pour le lui signaler. On vient de perdre bêtement une bonne heure de marche et parcourut quelques kilomètres en plus.

A la pause, nous retrouvons Carmen Mireille et Juliette et je vois passer Edward notre australien avec les chaussures couvertes de boue. Je ne sais pas comment il s'est débrouillé pour arriver jusque-là par un autre chemin.

Nous continuons jusqu'à Hospital de Órbigo et son fameux pont[13]. Une pensée pour nos maris. Il y a 3 ans nous nous étions arrêtés là au retour.

Au refuge paroissial Karl Leisner, nous retrouvons Michel et Didier, nous avons rencontré ce dernier à la Gare routière de Mansilla, ainsi que Sioned, notre blonde anglaise, et bien d'autres pèlerins connus. Un jeune de Pau a commencé aujourd'hui son Chemin à partir de Léon. Il a froid et vient de se rendre compte que nous sommes à 800 m d'altitude et qu'il n'a pas prévu une tenue vestimentaire adéquate.

Nous allons dîner au resto, menu du pèlerin à 9 €. Nous avons été invitées par nos deux Italiens Roberto et Claudio, qui dorment dans le même dortoir que nous ce soir. Un vigneron, qu'ils ont rencontré sur le Chemin, leur a donné une bouteille de rosé doux pour l'apéro et ils veulent nous en faire profiter. Nous nous retrouvons à huit autour d'une grande table : nos deux Italiens, Carmen et Mireille, Michel et une autre jeune Italienne, Mary, que nous côtoyons aussi depuis quelques jours et Monique et moi. Mary me donne une petite pochette dédicacée à son nom

---

[13] Le pont à 20 arches érigé au cours des 10ème/11ème s. sur des fondations romaines au-dessus du Rio Órbigo est le plus long (300 m environ) sur le Chemin de Saint-Jacques.

Lundi 12 octobre
Hospital de Órbigo / Astorga / Murias de Rechivaldo

Il a plu une grande partie de la nuit. Ce matin, c'est gris mais il ne pleut pas.

Monique part avec Carmen et Mireille. Par prudence, je prends le sentier qui longe la route ; avec la pluie qui est tombée cette nuit, je crains que les chemins soient trop boueux pour mon Carrix. Et j'ai bien fait, les filles ont confirmé mes doutes.

Nous nous retrouvons pour la pause à San Justo de la Vega. Je suis arrivée bien avant elles et je me suis installée au premier bar du coin. J'ai laissé mon Carrix dehors, bien en vue sur le trottoir, pour qu'elles me repèrent. La télé est allumée et je peux suivre en direct la cérémonie, les défilés et autres spectacles, donnés pour la fête nationale d'Espagne en ce 12 octobre en présence du roi, de sa femme et de leurs deux petites filles. C'est leur 14 juillet.

Un kilomètre plus loin, nous sommes à Astorga. Nous traversons le centre historique en prenant des photos çà et là, puis nous filons vers notre gîte au village suivant. Carmen et Mireille marchent toujours avec nous. A l'Albergue Las Águedas, nous retrouvons Edward et le couple japonais, tous les autres sont des nouveaux.

Cette auberge pourrait être sympa avec sa belle cour intérieure et son patio recouvert d'une énorme treille remplie de beaux raisins qui nous sont offerts à l'arrivée, mais la pluie forte et continue nous empêche de profiter de ces lieux. Le sèche-linge ne fonctionne pas et, pour couronner le tout, on nous refuse l'entrée de la cuisine, c'est plein ! Devant notre insistance, on nous permet de rentrer dans le salon intérieur pour que l'on puisse y prendre nos repas. Il fait bon dans cette pièce, on s'y sent bien et le linge va peut-être sécher. On nous apporte même de la vaisselle. Nous passons ainsi une bonne soirée en compagnie des sympathiques Carmen et Mireille.

Mardi 13 octobre
Murias de Rechivaldo / Rabanal del Camino

Ce matin à 8h il fait beau mais frais. La météo annonce 3 degrés.
Nous entrons dans la Maragateria – forêts de chênes et étendues pareilles à des steppes – au loin se dessinent les Monts du Léon.

Chemin sympa avec la traversée de deux jolis villages : Santa Catalina de Somoza et El Ganso où nous nous arrêtons pour la pause. Carmen et Mireille nous rejoignent.

Arrêt au bar et là, surprise, un beau Carrix, garé bien sagement, avec son sac bleu Carrix tout propre sur lequel est déposé un beau chapeau en feutre. Bien sûr, mon Carrix a tout de suite été attiré et s'est garé lui aussi bien sagement à côté de son copain.

Le propriétaire est un Suisse, la soixantaine bien passée ; il est accompagné de sa femme qui, elle, porte son sac sur le dos. Ils sont partis de chez eux en Suisse le 24 mai, ont rejoint le Puy-en-Velay et vont jusqu'à Santiago : 2000 km. Il a un problème de cœur et transporte une machine respiratoire sur son Carrix. Ils font de petites étapes (10/12 km). Bravo !

Nous arrivons à Rabanal trop tôt, le gîte n'ouvre qu'à 14h30. Nous prenons tout notre temps pour déjeuner en face de la tienda où est aménagé un espace pique-nique très sympathique. Carmen et Mireille arrivent et nous attendons qu'elles aient fini leur repas avant de nous rendre au gîte l'Albergue Gaucelmo (un ermite), tenu par la confrérie anglaise de Saint-James. Il est grand temps d'arriver : nous sommes inscrites les 17ème et 18ème alors qu'il n'y a que 20 couchages : le guide mentionnait l'ouverture à 14h30 mais en fait, il s'est ouvert à 13h00 et beaucoup de pèlerins étaient déjà inscrits.

Comme le veut la tradition anglaise, nous prenons le thé à 17h00. Doug, les deux couples américains que nous suivons déjà depuis quelques jours et bien d'autres pèlerins rencontrés sont présents. Un bon moment convivial.

Nous assistons aux Vêpres puis nous prenons notre dernier dîner avec Carmen et Mireille qui nous ont cuisiné des spaghettis bolognaises (le plat traditionnel des pèlerins).

Mercredi 14 octobre – Rabanal del Camino / Molinaseca.

Bonne journée en perspective : 27 km par des sentiers non consolidés avec une montée de 250 m mais surtout une descente de 1.150 m.

Nous commençons l'ascension vers la Cruz de Ferro par des sentiers en pente variable – de modérée à forte – et nous arrivons assez vite à la Croix de Fer. Comme le veut la tradition, nous déposons sur les milliers de cailloux déposés là au cours des siècles par les Jacquets, notre pierre (que nous trimbalons dans notre sac depuis Bouaye). Un pèlerin est là, devant la Croix, en pleine méditation. D'autres à vélo, considèrent l'immense monticule de pierres comme une belle piste de cross. Ah ces cyclistes ! Les motivations qui poussent à aller à la Cruz de Ferro sont bien diverses !

Séance photo obligatoire ; puis nous nous engageons dans la grande descente. Il y a trois ans j'avais eu l'opportunité de faire une partie de cette descente en voiture à cause de mes problèmes de pieds. Je suis contente, cette année, de pouvoir l'effectuer à pied. Tout se passe bien, toutefois quelques endroits sont assez raides mais faisables. Nous avons une vue grandiose sur les montagnes de la Sierra Teleno, ce qui nous change de la traversée monotone de la Meseta et ce spectacle est le bienvenu. Nous traversons le village de Manjarin, presque en ruines, seule une maison délabrée sert de gîte sommaire.

Puis c'est à nouveau une montée vers un petit col avec une large vue sur la vallée du Río Sil et sur la ville de Ponferrada. Bientôt nous voyons les toits de El Acebo, magnifique village où nous nous arrêtons pour la pause pique-nique. Nous continuons notre descente, parfois très raide, et nous arrivons à Molinaseca, terme de notre étape de ce jour.

Aujourd'hui nous n'avons pas marché avec Carmen et Mireille. Elles ont pris leur temps, elles faisaient une petite étape jusqu'à El Acebo. Demain, elles prennent le train à Ponferrada pour retourner chez elles.

Mon expérience me fait choisir le bon gîte : l'Albergue Santa Marina. La dernière fois, j'avais chopé des punaises de lit dans le gîte municipal, sale et mal tenu.

Deux Québécoises, Marie-Hélène et Isabelle, que nous avons rencontrées à plusieurs reprises lors de cette journée, ont un problème avec leur rapatriement. Elles me demandent si je peux leur prêter mon cellulaire, comme elles disent, pour appeler un numéro soi-disant gratuit. J'hésite mais je me dis que je serais bien contente si, moi-même, j'étais en pareille difficulté. Elles font de nombreux appels, ce qui m'inquiète un peu. Elles doivent le sentir car l'une d'elles me donne son adresse mail en cas de frais supplémentaires sur ma facture de téléphone. Elle a bien fait, à mon retour, sur ma facture, il y en avait pour 36 €uros. Elles m'ont remboursé intégralement.

Nous sommes bien logées, dans une vaste chambre de 8 lits non superposés. En face de moi, il y a une fille qui est dans sa bulle. Nous a-t-elle vues au moins ? Les deux couples d'Américains sont aussi avec nous. Nous dînons à côté d'un des couples. Ils ne parlent malheureusement pas français, dommage car ils sont très sympathiques. Ils n'ont pas du tout aimé la tranche d'ananas au sirop que nous avons eu au dessert. Ils sont habitués à meilleur au Costa Rica où ils vivent.

Réponses à mes tweets

Nous suivons avec grand plaisir ton chemin vers Compostelle, Ce chemin a l'air de t'apporter ce pour quoi tu étais répartie : rencontres et relations humaines, effort physique, spiritualité...
Continuez Monique et toi à profiter pleinement de votre Chemin.

Je lis les tweets et tes messages, je regarde les photos. Mais je suis moins courageuse pour écrire que lors de ton 1er Chemin.
En fait, je me dis que vous êtes deux, plus tous les gens que vous rencontrez et que tu as moins besoin d'encouragement puisque de toute façon
TU ES COURAGEUSE !
Maintenant tu as acquis l'expérience, mais si je réfléchis un peu je me dis que ce n'est pas très sympa de ma part, parce que vous vous avez le courage de marcher
Et moi qui n'aime pas du tout cela, j'imagine que les encouragements sont toujours les bienvenus.
Alors, chère Joëlle, je vois que votre destination se rapproche chaque jour. Bon courage à toutes les deux. Merci pour tous vos messages et photos.
Je t'embrasse plus particulièrement et t'adresse mes amitiés les plus sincères.
Bon courage à toutes les deux. Que Dieu continue à vous bénir !

Holà à toutes deux
Vous devez maintenant être déjà loin.
Nous on est à Burgos depuis hier mais notre dernière étape à partir de Altapuertas s'est faite en taxi! Un peu décevant mais malgré tous

vos bons soins et les bienfaits de ta crème, mes genoux n'en voulaient plus. Je me pose donc tranquillement en attendant de prendre notre bus retour demain. Claude visite un peu et moi je "fais du gras" dans les troquets mais vous nous manquez avec toute la petite bande pour animer. En tous cas une formidable aventure que ce chemin.
Buon camino à toutes 2 et merci pour les moments partagés

Quelques mots, tout simplement vous encourager et vous dire que nous vous portons dans nos pensées afin que tout se passe bien sur votre Camino, avec toutes les belles choses à vivre, à voir, à entendre, à connaitre.... On vous embrasse. Bon Camino les filles ont croit en vous!!! Maryvonne et Jean Michel

Bonne fin de chemin. Bravo!
Bravo! Profitez bien de vos derniers pas sur le chemin

Bravo les marcheuses courageuses qui affrontent les côtes, les imprévus.... avec des doses de SOLEIL, de pluie ou de vent !
Je vois que les kms défilent, c'est important pour arriver au but, ce BUT qui vous tient tant à cœur.
Avec une transformation intérieure en même temps...
Le VOYAGE se fait sur les 2 plans!
Tout ça c'est à l'image de la vie.
Que la grâce de Jésus vous accompagne chaque jour pour savourer pleinement l'arrivée à St JACQUES

Chaque jour je me dis que vous approchez de Santiago, que vous allez franchir le seuil, la grande porte de la Cathédrale. Peut-être est-ce déjà fait.
Tous nos encouragements pour ces derniers jours, toute notre admiration pour votre courage et votre détermination. Nous pensons plus que jamais à vous deux.
VIVEZ pleinement ces moments rares, nous chantons pour vous ULtreïa!!!
ET on vous embrasse avec le cœur

Jeudi 15 octobre - Molinaseca / Cacabelos

Il fait frisquet ce matin les parebrises des voitures sont givrés.

Nous traversons la ville de Ponferrada. Nous avons une petite pensée pour Carmen et Mireille qui vont prendre leur train aujourd'hui, à 23h00 ; elles vont avoir le temps de visiter la ville !

Beaucoup de route aujourd'hui. Nous logeons beaucoup de jardins clôturés de magnifiques murs avec de jolis portails en façade. Dans ces jardins se dressent des cabanons sans doute aménagés.

A Cacabelos, l'Albergue municipale « Santuario de la Quinta Augustia » est très originale, elle est aménagée autour de l'église avec des box de deux lits non-superposés. C'est super et confortable. Nous retrouvons les quatre Américains et la jeune silencieuse qui, à notre entrée, nous fait un joli sourire avec signe de la main.

Un homme accompagné d'un chien s'installe dans un des box les plus reculés. Je suppose qu'il ne veut pas gêner les pèlerins en leur imposant la présence d'un animal. Celui-ci lui est d'ailleurs bien utile puisqu'il porte deux petits sacs bien amarrés sur son dos.

Nous jouons avec le soleil pour faire sécher notre linge et nous avons même l'audace, pour imiter les « Amerloques », de transporter l'étendoir dehors sur la route.

Nous allons dîner au petit bar/resto du coin. Le restaurateur nous sert le vin dans nos verres avec, pour une première giclée "buen" puis pour la deuxième "camino". Il est très chaleureux et, en partant, il nous serre dans ses bras en nous souhaitant "Buen Camino". Avec tout ça, nous avons bu notre bouteille à nous deux.

Vendredi 16 octobre – Cacabelos / Vega de Valcarce

Cette nuit, notre voisine, une petite jeune Coréenne, s'est permise d'allumer la grosse lampe vers minuit et l'a éteinte vers 2h. Nous étions séparées par des cloisons qui ne montaient pas jusqu'au plafond. Il a fallu que je tape plusieurs fois dans la cloison avant qu'elle veuille bien comprendre qu'elle m'empêchait de dormir.

Chemin de 26 km le long de la Valcarce. Pas de rencontre nouvelle, seulement un groupe d'une vingtaine de jeunes 4ème/3ème qui a dû faire le Chemin cette semaine ; un véhicule les suit portant sacs et nourriture. Ils rentrent ce soir chez eux. Le car les attend au pied de notre gîte Santa Maria Magdalena.

L'hospitalero est sympa, son gîte un peu moins. Il a un problème de chauffe-eau, il nous signale que la première qui ouvre le robinet d'eau chaude pour prendre sa douche, ne doit pas le refermer. J'ai l'avantage de passer la première et je me lave à l'eau chaude. Mais comment faire pour se sécher et s'habiller alors que l'eau chaude coule d'en haut ? Je décide donc de fermer le robinet. Bien mal m'en a pris, le chauffe-eau n'est pas reparti : Monique a dû se doucher à l'eau froide.

Nous sommes trois dans le dortoir de 8 lits, nous deux et une Québécoise Stéphanie.

Samedi 17 octobre – Vega de Valcarce / Fonfria

Aujourd'hui, nous faisons l'ascension du col d'O Cebreiro[14], une très belle et fascinante expérience par des chemins forestiers par endroits pierreux, difficiles et très glissants en raison de bouses de vache. Le chemin monte à travers une forêt de feuillus, traverse de petits hameaux oubliés du monde – La Faba, La Laguna – La forêt s'éclaircit avec l'altitude et dégage la vue sur un paysage fascinant : la montagne toute verte, typique de la Galice.

Nous côtoyons toujours les deux couples américains. Je ne sais pas où ils ont dormi cette nuit mais, ce matin, lors de nos pauses nous les avons vus à trois reprises. A chaque fois, ce sont des petits signes de la main ou quelques mots en anglais ou en français pour l'un d'eux qui fait des efforts pour nous être agréable.

Ce soir à l'albergue A Reboleira, encore beaucoup de pèlerins étrangers, quelques francophones. Stéphanie la Québécoise a fait la plus grande partie de l'étape à cheval. Elle nous dit que, dans un village, elle a vu qu'il était possible d'en louer un ... Elle a sauté sur l'occasion.

---

[14] Le village musée d'O Cebreiro est l'un des plus anciens refuges de pèlerins sur le Chemin de Saint-Jacques. Le Sanctuaire de Santa Maria la Real construit au 9ème s. est la plus ancienne église encore debout sur le Chemin. Un miracle s'y produit vers 1300. Selon la légende, un paysan pieux aurait lutté contre les éléments déchaînés une nuit d'hiver pour assister à la messe à O Cebreiro. Le moine chargé de la liturgie, moins croyant, pensa : »Quel idiot, sortir par cette tempête seulement pour voir un morceau de pain et un peu de vin ! » Au même moment l'hostie et le vin de messe se transformèrent en viande et en sang. L'église expose ces produits miraculeux dans deux fioles en verre. Le calice et l'hostie se retrouvent sur le blason galicien.

L'homme au chien est là aussi. Ce soir, il est allé mettre son chien derrière le gîte. J'espère qu'il est à l'abri car il pleuviote et il vente fort.

Dans notre dortoir, il y a Anna, la fille silencieuse. Depuis 3 jours, nous nous rapprochons. D'abord, elle occupe un lit en face de moi, puis, elle est dans le box à côté de moi et ce soir, elle est dans le lit au-dessus de moi. Demain : avec moi dans le lit ?....

Dimanche 18 octobre – Fonfria / San Mamede

Minuit, des démangeaisons aux avant-bras. Vite je me lève, vais vérifier dans les toilettes et m'applique mon huile essentielle « Lavande-aspic ». Ce sont sans doute des piqures de punaises. Je vais me recoucher en me calfeutrant dans mon duvet. Ce n'est pas tenable, j'ai chaud et j'ai l'impression d'être piquée de partout. Je me lève à nouveau, prends mon duvet, mon sac à dos et je vais m'installer au salon sur 3 fauteuils que je rapproche. Je pulvérise mon duvet du produit spécial duvet et j'essaie de m'endormir avec toutes les lumières allumées (je n'ai pas trouvé l'interrupteur).

Je suis réveillée par du bruit autour de moi, une pèlerine est déjà levée et fait son sac, il est 6h. Pendant mon sommeil, les piqures se sont multipliées : mon visage en est couvert, oreilles, joues, cou, lèvres enflées, etc. 17 piqures en tout. Des punaises ont dû tomber du lit supérieur où était Anna parce que mon lit était super protégé, comme d'habitude. J'en ai la confirmation au repas de midi. Anna est dans le même bar que nous ; elle prend en photo ses piqures et en parle à tout le monde.

L'étape d'aujourd'hui me rappelle mon Chemin de 2012. Très longue – 30 km – avec des sentiers abrupts... sous une pluie continue, je l'avais trouvé si difficile que j'en avais pleuré. Pourtant, j'ai encore fait confiance à mon guide de randonnées – que j'apprécie énormément par ailleurs – et je suis partie bravement pour faire ces 30 km. Mais, même sans la pluie, l'étape reste très difficile et je ne l'ai pas appréciée non plus ...
L'ennui au long des heures, à cause de la monotonie du paysage, de la pluie et de la dureté du sentier, a rendu mon état, aujourd'hui, dans l'impossibilité de vivre l'instant présent, si fort, en d'autres jours.

Au gîte privé « Paloma y Leña », nous retrouvons nos Américains qui étaient aussi à déjeuner dans le même bar que nous. C'est vraiment dommage que je ne sache pas m'exprimer en anglais....

Première tâche : éliminer les punaises. Pour cela, je dois désinfecter le sac, tout laver son contenu, y compris le duvet. Heureusement pour moi, le gîte est bien équipé en lave-linge et sèche-linge que j'utilise à grand renfort de pièces de 2 €uros car dehors, il pleut.

Sophie une Française que l'on suit depuis quelque temps est, comme hier, dans le même dortoir que nous. Elle est bien sûr au courant des piqûres de punaises d'Anna qu'elle a vue au bar. Du coup, tout le dortoir est au courant et une grande partie des pèlerins du gîte aussi. Pendant le repas, une jeune étrangère vient me demander comment je traite tout ça, parce qu'elle aussi a des piqûres de punaises. Par l'intermédiaire de Sophie, qui parle anglais, je lui donne mes tuyaux.

Lundi 19 octobre – San Mamede / Portomarin / Gonzar

Aujourd'hui, la pluie nous accompagne toute la journée. L'itinéraire est facile en dépit de montées et de descentes constantes sur des petites routes asphaltées – non consolidées par endroits – mais aussi de très beaux sentiers de forêt.
Paysage très rural, avec des petits villages très « bouseux » à traverser, d'autant plus que la pluie n'aide pas. Paysage typiquement galicien aussi avec les pasadoiros (grosses plaques de pierre alignées en rangée pour traverser les ruisseaux) les corredoiras (chemins creux bordés par des murets de pierres des deux côtés) et les hórreos (longs silos à grains en pierre sur pilotis pour éloigner les rongeurs).

Beaucoup de pèlerins sur le Chemin. Ils sont partis ce matin de Saria qui est à une centaine de kilomètres de Santiago de Compostela. Distance obligatoire à parcourir pour prétendre à la « Compostella » La compostela est un certificat de pèlerinage, rédigé en latin, qui est remis au pèlerin à son arrivée à Compostelle par le Bureau des pèlerinages pour attester qu'il a fait le pèlerinage de Saint-Jacques-de-Compostelle. Ce certificat se rattache à la tradition médiévale qui voulait qu'un pèlerin rapportât un témoignage de son arrivée au sanctuaire.

Tout un groupe de jeunes (6ᵉᵐᵉ/5ᵉᵐᵉ) nous dépasse. Certains courent, se bousculent, s'arrêtent, nous re-dépassent. Ils animent bien le Chemin !

A la pause-déjeuner, à l'abri, bien au chaud car dehors c'est catastrophique, nous rencontrons brièvement un Mexicain. Nous discutons quelques minutes avec lui mais il doit repartir. Il nous donne le nom de l'auberge où il a réservé son lit pour ce soir et aimerait bien que nous allions le rejoindre pour poursuivre notre discussion. Malheureusement, lorsque je téléphone pour réserver, on me dit qu'il est complet. Ce n'est pas grave, nous irons dans un autre gîte et pourrons aller le rejoindre.

Après un repas chaud et excellent, nous reprenons le Chemin sous la pluie. Pour nous motiver, nous entamons le chant "Un jour la troupe campa" en essayant de retrouver toutes les paroles. Cette chanson nous occupe l'esprit et nous fait marcher sans nous en rendre compte. Il faut juste éviter les énormes flaques d'eau et rigoles de boue qui sont sur les sentiers. Mais bientôt, notre attention fléchit et nous y allons « franco », mouillées pour mouillées...

Portomarin est devant nous, et mon Carrix derrière moi ; il faut juste monter un escalier de pierres d'une cinquantaine de marches ou alors faire un grand détour pour regagner le centre-ville. Ça suffit comme ça les kilomètres sous la pluie aujourd'hui alors j'opte pour l'escalier. Doucement, et avec de gros efforts, j'arrive presque en haut de cet escalier. Mais les dix dernières marches sont impossibles à monter, elles ont un rebord et la roue du Carrix refuse catégoriquement d'avancer. Un bon samaritain derrière moi agrippe le Carrix et m'aide à terminer l'ascension. Ouf ! Merci !

Nous nous rendons tout de suite dans l'un des plus grands gîtes (120 lits) pour être sûres d'avoir de la place. Et bien non, il est complet…. Tous les gîtes de Portomarin sont complets. On nous propose l'hôtel à 80 euros la chambre ! Ce n'est pas pour notre bourse. Nous sommes bien embarrassées, bien mouillées aussi, nous avons hâte de nous poser. Je demande à la réceptionniste de l'accueil de téléphoner au gîte du village voisin (à 8 km) pour savoir s'il y a de la place. Elle veut bien mais demande mon téléphone portable pour le faire. Un autre coup de fil au taxi, toujours avec mon portable, et nous partons pour Gonzar, à la Casa Garcia. Dommage, nous ne verrons pas « notre Mexicain » !
Nous pouvons enfin poser nos sacs, prendre une bonne douche pour nous réchauffer et mettre des vêtements secs. Le gîte est plein et il n'y a rien pour faire sécher le linge, le sac et les chaussures, sauf un grand poêle dans la salle commune difficile d'accès vu le nombre de chaussures et de vêtements qui sont déjà installés autour.

Je fais la connaissance d'Alexandra, une Suisse qui parle français et qui est heureuse, elle aussi, de pouvoir passer une soirée avec des pèlerines qui parlent français. Nous dînons ensemble et nous prolongeons la discussion dans le dortoir. Elle élève des chèvres et fait du fromage. Elle a fait la première partie du Chemin l'année dernière avec sa belle-sœur mais avait envie de partir seule pour cette deuxième partie. Elle ne l'a pas tenue au courant de son départ pour être sûre qu'elle ne l'accompagne pas.

Je pense qu'il y a toujours dans la marche à deux, un tiraillement entre l'aspiration de vivre un moment de plénitude avec le paysage ou avec soi-même, et la présence ou la parole à l'adresse de l'autre.

Alexandra marche vite, fait de grandes distances ; nous ne la reverrons probablement pas. Mais c'était vraiment sympa d'avoir pu discuter avec elle toute une soirée.

Mardi 20 octobre – Gonzar / Pontecampaña.

Beau temps aujourd'hui avec un peu de vent. C'est quand même plus agréable que la pluie, même si, ce matin, nous avons endossé des vêtements humides et chaussé nos brodequins loin d'être secs.

Dès le départ de Gonzar, nous avons du mal à trouver le Chemin, il nous faut demander à plusieurs personnes avant de le trouver. Notre étape commence par une longue montée jusqu'au village suivant. Comme toutes les bourgades sont situées au sommet d'une colline, nous ferons des « montagnes russes » toute la journée.

Un jeune Allemand nous rattrape et chemine avec nous quelques instants. Il profite du Chemin pour parfaire son français : me demande comment se dit ça, il me montre les pierres, les arbres, et ça, et ça et me demande comment ça se dit. Un vrai cours de vocabulaire français. Le sentier monte, je ralentis, lui, il garde son rythme et me distance très vite. Fin de la rencontre avec le jeune Allemand – rencontre brève mais agréable.

A l'albergue Casa Domingo, nous retrouvons Anna avec son copain pèlerin, l'Allemand avec son chien et quelques autres pèlerins connus. Nous sommes les seules Françaises et un peu isolées dans notre coin.

Un ordinateur est à notre disposition et j'en profite pour réserver nos billets de train pour le retour Hendaye/Nantes. Eh oui, la fin est proche, j'en suis heureuse et, en même temps, j'ai un peu de nostalgie de quitter ce Chemin.

Quand nous sommes sur le Chemin, on laisse derrière soi un monde de compétition, de vitesse, de mépris au profit d'un monde de l'amitié, de la parole. Le pèlerin rencontré n'est pas un adversaire mais un homme ou une femme dont on se sent solidaire

Mercredi 21 octobre
Pontecampaña / Ribadiso da Baixo

Ce matin nous partons tôt, 7h10, sans le petit déjeuner. Le gîte nous le proposait à 9h00. Sans doute ne veulent-ils pas s'embêter avec le "desayunos".

Par un terrain vallonné et après la traversée de la zone industrielle, nous arrivons à Mélide et nous prenons notre petit déjeuner tardif.

Le Chemin monte et descend sans cesse et, de plus en plus souvent, à travers des forêts d'eucalyptus odorantes. Il y a peu de pèlerins. Je suis toujours étonnée de ce phénomène, car le soir, les albergues sont toujours bien remplies.

Nous traversons Castañeda. C'est ici que les pèlerins du Moyen Age amenaient aux fours de la pierre à chaux pour la construction de la cathédrale de Saint-Jacques-de-

Compostelle. Aujourd'hui, il ne reste plus rien de ces fabriques.

Des montées et des descentes plus rudes nous amènent à notre gite Los Caminantes I, (le Caminantes II se trouve au village suivant). Nous retrouvons Doug le Canadien; sa barbe a bien poussé – il ne s'est pas rasé du Chemin – et n'a pas envie de la couper.

Je suis sur la terrasse d'un bar, au soleil, devant une cerveza, entourée de pèlerins qui font comme moi après une dure journée de marche. Il y a des moments sur le Chemin qui sont bien agréables. Ils compensent les périodes difficiles : pluie cinglante, montées abruptes, sentiers mal tracés, trop pierreux ou trop boueux... Mais je ne suis responsable ni des conditions climatiques, ni de la géographie.... Ce qui me gêne le plus – j'insiste – c'est de ne pas parler anglais car c'est vraiment la langue du Chemin. Que de fois j'ai regretté de ne pouvoir communiquer avec des pèlerins venus d'Allemagne ou du bout du monde .... Il m'est arrivé de ne pas m'intéresser à des Français ou Françaises parce qu'ils s'exprimaient en anglais et je n'ai pas eu la simplicité de demander « qui parle français ici ? »

Jeudi 22 octobre – Ribadiso da Baixo / Pedrouzo

Hier soir, un Allemand s'est installé dans le lit au-dessus de moi .... Pas forcément grand ni gros, quand il s'est couché, il a déclenché un véritable tremblement de terre ! Il n'a pas arrêté de bouger, de remuer, de gigoter dans tous les sens. Je ne peux pas dire que j'ai bien dormi...

Pour notre avant-dernière étape, nous partons encore plus tôt que d'habitude : 7h00. Le Chemin maintenant regroupe tous les Chemins, il y a donc beaucoup de pèlerins et les albergues se remplissent vite. En arrivant vers 13h00 au gîte – comme ce fut le cas hier – nous pouvons choisir notre lit, et nous avons la priorité pour les douches, la lessive etc.

Aujourd'hui encore il fait beau avec un joli soleil et un ciel bleu sans nuage.
Le Chemin est très agréable, souvent dans des forêts d'eucalyptus avec la traversée de nombreux villages.
Beaucoup de nouveaux pèlerins ; de toutes les personnes qui étaient avec nous hier soir à l'albergue, nous n'en rencontrons que deux. C'est très étrange : on est plusieurs jours sans voir des pèlerins connus et puis un matin, ils réapparaissent.

L'albergue de ce soir s'appelle « Porta de Santiago », ça veut bien dire ce que ça veut dire !
A la fin de notre dîner, sur la terrasse couverte, un Australien, Jean, la trentaine, est venu converser avec nous. Il a appris le français à l'école ; sur le Chemin, il a bien révisé en parlant souvent avec des francophones. Il est parti de St Jean Pied de Port et il a hâte d'arriver. Il n'aime pas la promiscuité dans les gîtes et les dortoirs. Il en a assez de porter les mêmes habits. Bref, les conditions matérielles du Chemin sont dures pour lui. Il nous parle d'un Chemin qui existe au Japon et qui est très beau mais rude et cher. Il trouve que la vie est peu chère en Espagne comparativement à l'Australie où la vie a beaucoup augmenté ces dernières années - ce qui creuse encore l'écart entre les riches et les pauvres.

Puis ce sont deux jeunes Andalous qui prennent le relais mais la conversation est plus limitée, ils parlent espagnol et anglais. Ils sont partis de Sarria (les 100 km). Ils nous vantent leur fromage espagnol qui est très bon pour la santé et veulent absolument que l'on note le nom du vin qui va avec. Il s'agit du Mencia de Riberia Sacra.

Nous allons nous coucher tôt car demain, nous devons nous lever à 4h45. Nous voulons arriver à Santiago pour la messe des pèlerins à midi après une étape de 20 km.

Vendredi 23 octobre
Pedrouzo / Santiago de Compostela

Je n'ai pas très bien dormi, gênée par une lumière et par la ventilation du chauffage. Je pensais que c'était la pluie qui tombait et je me suis levée pour me rassurer.

Nous partons à 6h sous un beau ciel étoilé. Il ne fait pas froid. L'allure des pèlerins est variable. Très tôt nous rattrapons quelqu'un qui ne marche pas très vite : il s'agit de Doug le Canadien. Un peu plus tard, nous sommes rattrapées par un trio : les deux Allemandes – rencontrées plusieurs fois – l'une à le crâne rasé et l'autre de longs cheveux blonds. Celle-ci marche avec son copain pèlerin rencontré sur le Chemin. En nous dépassant, ils m'encouragent d'un geste amical sur l'épaule. Faut dire que ça grimpe dur à cet endroit.
Un peu plus loin, nous entendons de la musique, des voix, des claquements de bâtons et voyons des faisceaux de lampes dans tous les sens. Ce sont des jeunes de 15/16 ans qui nous rattrapent bien vite, par petits groupes, en nous

souhaitant, à tour de rôle, "Buen Camino". Ça dure un certain temps. Après une accalmie, ça recommence : les accompagnateurs organisent des arrêts pour tenter de regrouper leur troupe. Et le manège se prolonge jusqu'à notre pause de 10h00. Pour savourer notre dernière étape, nous ne serons tranquilles que les 5 derniers km après Monte do Gonzo[15]. Bien dommage !

Nous arrivons à Santiago vers 11h00. Nous nous arrêtons à la pancarte d'entrée de la ville Santiago de Compostela pour la traditionnelle photo-souvenir. Nous croisons un inévitable groupe de touristes japonais bardés d'énormes appareils photos. Impressionnés par mon Carrix, ils font des commentaires accompagnés de rires et de grands éclats de voix. On me demande de poser, entourée par les femmes… Puis une japonaise met ma coquille à l'endroit, bien en évidence, pour une nouvelle série de photos… J'en profite pour leur demander de nous photographier Monique et moi. Je la mettrai sur Twitter.

---

[15] O Monte do Gozo (nom du lieu-dit, signifiant Le Mont de la Joie) Ce lieu-dit du est traversé par le Camino francés du Pèlerinage de Saint-Jacques-de-Compostelle. Son nom vient de l'allégresse ressentie et exprimée par les pèlerins qui, depuis ce lieu, apercevaient enfin les tours de la cathédrale de Saint-Jacques-de-Compostelle, après un long périple.

Nous arrivons dans le centre historique et nous rencontrons quelques pèlerins connus. Ce sont des embrassades et des congratulations à n'en plus finir. C'est très émouvant de voir tous ces pèlerins partageant leur joie d'être enfin arrivés.

Pour moi qui l'ai déjà vécu, je vis cet instant avec un certain détachement. Le terme du Chemin : Saint-Jacques-de-Compostelle, n'est pas plus grandiose que les différentes étapes du parcours, il n'en est que le fil conducteur. Ce qui importe sur le Chemin ce n'est pas forcément son point d'arrivée mais ce qui se vit à tout instant : les sensations, les rencontres, l'intériorité, la disponibilité ... exister tout simplement, le vivre et le sentir.

Nous avons un peu de mal à trouver le chemin de la Cathédrale. Au centre de la place, le km 0 est encombré d'une bande de jeunes qui sont carrément allongés dessus. Nous reviendrons plus tard. Nous passons devant le bureau RENFE (SNCF locale) et je fais la queue pour prendre nos billets de train Santiago/Hendaye. Nous voilà rassurées. Nous filons à l'Office de Tourisme nous renseigner sur l'Albergue la plus proche de la gare. Il s'agit du Séminaire. Nous l'avions déjà repéré sur des panneaux en entrant à Santiago. Nous allons mettre nos sacs à la consigne et nous entrons dans la Cathédrale pour la messe des pèlerins qui est déjà commencée. C'est bondé et il va sans dire qu'il n'y a aucune place assise de disponible. Nous en profitons pour faire la queue pour aller faire la bise à Saint-Jacques dont la statue se dresse derrière l'autel. Un moine contrôleur empêche de prendre des photos pendant les offices.

Nous trouvons un pilier disponible et nous nous installons sur sa base pour la fin de la messe, toute en espagnol avec quelques prières en latin.

Une seule phrase est dite en français par un diacre québécois. Ce diacre, m'a-t-on dit, se dessinait tous les soirs une flèche jaune sur ses jambes en référence aux multiples flèches jaunes qui jalonnent le Chemin.

Nous attendons en vain le « Botafumeiro » [16]. On nous dit que, le Vendredi, il est actionné à la messe de 19h.

Après la messe, nous allons au restaurant où nous nous régalons d'une paëlla et d'une grande coupe de glace, excellente. Doug est là aussi devant une cerveza. Il déjeunera plus tard avec des amis et demain, il se fait le cadeau d'aller coucher au Parador Nacional.[17]

Pour assister au spectacle, toujours aussi impressionnant du « Botafumeiro », nous retournons donc à la Cathédrale vers 19h30. Auparavant, nous avons rempli nos poches et

---

[16] Le Botafumeiro, encensoir en laiton argenté, est haut de 1,60 m et pèse 54 kg. Il fut exécuté par l'orfèvre Losada en 1851.
À l'origine, cet encensoir servait à parfumer la cathédrale. Il pend à une corde sous le transept. À l'occasion de célébrations liturgiques spéciales et pendant l'Année Sainte Compostellane, au cours de la messe du pèlerin qui se déroule tous les jours à 12 h, les visiteurs peuvent contempler la singulière cérémonie du botafumeiro. Pendant qu'on le balance comme s'il s'agissait d'un pendule, huit hommes (tiraboleiros) donnent de la corde au point le plus élevé du mouvement et tirent sur elle au point le plus bas. On accroît ainsi l'oscillation de l'encensoir pour l'élever à 20,6 mètres de haut dans la voûte, en formant un arc de 65 mètres tout au long du transept, depuis la porte de la Azabachería jusqu'à celle de Platerías. Il passe au ras du sol à une vitesse de 68 km/h en laissant derrière lui un fin sillage de fumée d'encens. Cet encensoir avait pour objectif de parfumer la cathédrale en raison du nombre important de pèlerins arrivant chaque année, durant le Moyen Âge puis à la Renaissance. L'odeur engendrée par la masse des dormeurs dans la nef nécessitait un encensoir de cette taille et de ce poids

[17] Soi-disant le plus ancien hôtel du monde et construit pour les pèlerins en 1489 par le couple royal Ferdinand et Isabelle.

petit sac à dos de divers achats ; les gros sacs à dos des pèlerins sont interdits dans l'enceinte du sanctuaire.

Nous rejoignons le Séminaire. Le gîte est très grand et assez confortable. Plusieurs dortoirs en lit simple sans superposition. De grands et larges couloirs sur les trois niveaux tout autour d'une grande cour intérieure dans laquelle se trouve une église avec une tour-clocher. J'aime arpenter ces grands couloirs sereins.
Nous retournons en ville pour quelques courses pour le dîner. Nous ne trouvons rien de satisfaisant et rentrons bredouilles. Finalement, c'est à la petite épicerie du gîte que nous trouvons de quoi dîner.

Un couple de Vertou qui revient de Finisterra a décidé de prendre le car pour rentrer sur Nantes. Départ 11h demain de Santiago et arrivée à 11h le lendemain à Nantes. Plus rapide mais plus cher que le train et il faut rester 24h assis dans le car.
Un jeune couple : Iban et Séverine prennent le même train que nous. Ils sont partis de Serra. Ils ont fait le Chemin Saint-Jean-Pied-de-Port/Santiago en 6 fois. Ils sont très sympathiques et nous discutons avec eux pendant toute la soirée.

Samedi 24 octobre
Santiago de Compostela / Hendaye en train

Après un lever et un petit déjeuner tranquilles, nous nous dirigeons doucement vers la gare. Plusieurs pèlerins avec sacs et bâtons attendent déjà. Pour ma part, j'ai démonté et plié le Carrix que je porte à la main, mon sac à dos sur le dos.

Avant de monter dans le train, nous sommes tous obligés de passer tous nos bagages dans un tunnel de contrôle, dès fois que l'on aurait emporté un morceau de St Jacques !

Nous montons dans le train pour 11h de trajet qui passe malgré tout assez vite.

J'aime revoir ces paysages que nous avons rencontrés pendant note longue marche. La traversée de la Meseta, même en train, m'impressionne toujours autant.

De temps en temps Séverine, qui est dans le même wagon que nous, vient faire la « papote. » Elle est prof de musique dans un collège à côté de Bordeaux. Ils ont 3 enfants. Ils profitent des vacances pour faire le Chemin. Elle nous confie que marcher en couple, ce n'est pas toujours évident. Quelque fois elle, aime se retrouver seule. D'autres fois ils cheminent ensemble mais sans se parler. Il y a aussi des moments où ils se disent des vérités qu'il est bien difficile de se dire dans la vie quotidienne.

Pour eux, le Chemin est un moment très fort et ils veulent continuer à le vivre.

Nous leur parlons de l'itinéraire français à partir du Puy en Velay. Ils sont intéressés et ils le feront probablement.

Nous arrivons à l'heure à Hendaye et suivons quelques pèlerins qui logent dans le même hôtel que nous.

Dimanche 25 octobre
Hendaye / Bordeaux / Nantes en train

Bonne longue nuit d'autant plus que nous bénéficions d'une heure supplémentaire de sommeil avec le changement d'heure.

Que c'est agréable de déguster de bons croissants français – rien à voir avec ceux d'Espagne – et de la bonne baguette fraîche .....

Nous partons nous balader dans Hendaye, passons devant une église, il y a une messe. C'est pas mal pour finir le Chemin. La messe est en français bien sûr, ce qui nous change de l'Espagne où toutes les messes auxquelles nous avons assistées étaient entièrement en espagnol. Une petite particularité toutefois, certains chants et le Notre Père sont en basque.

Nous avons pris un peu de retard et nous demandons, à deux reprises, le chemin le plus court pour aller à la Gare. On nous indique de passer par la corniche et le bord de mer. C'est très joli mais ce n'est pas, de loin, le plus court. Du coup, nous marchons très vite, presque en courant et nous nous retrouvons, devinez où ? En Espagne, à Irun !

Grosse panique ! Nous avons bien du mal à trouver quelqu'un qui nous oriente dans la bonne direction. Certains refusent de parler, d'autres ne parlent qu'espagnol pourtant nous sommes à deux pas de la France.

Nous courons pour retourner en France et arrivons à Hendaye par un boulevard où se déroule un marathon. Décidément... Il faut se faufiler à travers la foule, traverser des rues empruntées par les coureurs avant de regagner notre hôtel, récupérer nos bagages et enfin –

ouf ! – arriver à la Gare. Quelle peur…! ! Il ne s'agissait pas de rater le TGV !

Après un arrêt à Bordeaux, nous reprenons un train qui nous dépose à la gare de Nantes à 21h01. Nous arrivons légèrement avant l'heure. Personne sur le quai. Je suis un peu déçue, habituellement And vient toujours m'attendre sur le quai auprès de l'escalier. Nous nous dirigeons vers le hall Sud. En plein milieu du couloir souterrain, je vois Gaspard et Joséphine courir vers moi. Quelle belle surprise ! Et toute la famille est là, And, Patricia, Thomas, Pascal, Claude et Anne. Il manque Olivier et sa famille : ils sont bloqués sur le périphérique. Ils nous rejoignent à la maison où nous nous retrouvons autour de l'apéro !
Je suis heureuse d'être entourée de toute ma petite famille, elle m'a quand même manqué un peu.

Messages de félicitations

Bravo votre pèlerinage est terminé !!!!! Félicitations à vous deux, vous avez été jusqu'au bout.
Maintenant retour à Bouaye avec je suppose, beaucoup de bons et mauvais souvenirs dans la tête. Les bons restent et les mauvais partent très vite.

Allo, contente que vous soyez arrivée à Santiago. C'est fabuleux.
Nous y arriverons dimanche. Reste 40 kilomètres à parcourir et les ferons en 2 étapes. Commençons à avoir bien hâte d'y arriver, mes bottes ont percé, je m'en suis acheté lundi à Sarria mais je me suis blessée, ampoules. Alors ce matin vendredi j'ai remis mes vieilles et je crois bien qu'elles vont finir la marche.
Nous sommes bien heureux de vous avoir rencontrées et essaierons de garder un petit contact par internet.
Bon retour chez vous. Amitiés à vous deux
Solange et Paul

FELICITATIONS!!!!!!
Bravo les filles. Formidable, vous l'avez fait! Belle performance. Bon retour puis reposez-vous bien. Bises
Marite et Claude

Bravo. Vous avez rejoint votre objectif d'arrivée, bravo à vous deux pour ce chemin parcouru. Il y a eu du bon et du mauvais temps, mais la joie à l'arrivée vous fait oublier toutes ces péripéties. Prenez le temps de savourer avant de rentrer pour reprendre le quotidien, même si vous apprécierez le retour au pays. Sénoritas, reposer vos pieds, soigner les ampoules et ranger le matériel jusqu'au prochain défi.

Juste un petit mot pour te remercier de nous avoir fait partager cette très belle aventure et surtout te féliciter pour cet exploit. Ça vaut largement un bon p'tit whisky en rentrant ça !
Ma réponse à ce petit message :
Tu me connais bien !
Après le whisky un bon camembert coulant avec un bon verre de vin rouge.
Le pèlerinage ne pas transformé à ce niveau-là !
Ce serait dommage de toute façon ! Ne change rien !

Vous l'avez dit ! Vous l'avez fait ! Et jusqu'au bout votre pèlerinage !
Vous êtes à Santiago! C'est beau ce que vous avez réalisé.
Bravo, toute notre admiration, en toute simplicité, nous sommes ravis d'avoir fait un petit bout du chemin avec vous.
Bon retour chez vous et surtout prenez soin de vous maintenant.
On vous embrasse
Maryvonne et Jean Michel

Grand bravo les filles...j'en suis toute émue, vous l'avez fait... je vous envie.
J'ai pensé à vous tous les jours. Quel courage. Le retour va être déroutant je pense!!
Je vous embrasse très fort et bon retour
Françoise de la Mayenne

Bonjour vous tous,
Petit mot pour vous dire que nous sommes arrivés à Santiago dimanche vers 13h. Avons franchi les portes de la cathédrale vers 15h30. Très très ému tous les deux. Aboutissement de plusieurs jours de détermination et de millions de pas.
Nous étions très heureux d'aller chercher notre Compostella.
Aujourd'hui sommes retournés à la cathédrale pour de nouveau assister à la messe des pèlerins, malgré que nous y ayons déjà assisté dimanche soir.
Aujourd'hui le botafumeiro a été activé devant une cathédrale bondée. Très impressionnant et absolument magnifique.
Finalement nous ne nous rendrons pas au Finisterre comme nous avions envisagé. Le temps est très pluvieux. Heureusement le soleil nous a accompagnés pour notre dernier jour de marche.
Mardi en journée nous prenons le train pour se diriger vers Madrid. Repos et un peu de "shopping" avant de s'envoler samedi matin pour retrouver les nôtres.
Ce fut de très beaux moments que nous avons passé en votre compagnie très heureuse de vous avoir rencontré sur le chemin. Je garde un excellent souvenir de chacun chacune de vous et soyez assurées de mon amitié éternelle
Bises et à bientôt...
Solange et Paul

Remerciements

Un grand merci à mon mari qui à « démêlé la pelote » de mes notes prises au jour le jour lors de mon chemin. Il a eu beaucoup de patience et de courage !

Un autre grand merci aussi à Marie qui m'a aidé à éclaircir ou approfondir certains passages que j'avais laissés, sciemment ou non, dans le vague !

Enfin merci à Olivier pour la correction des fautes d'orthographe.

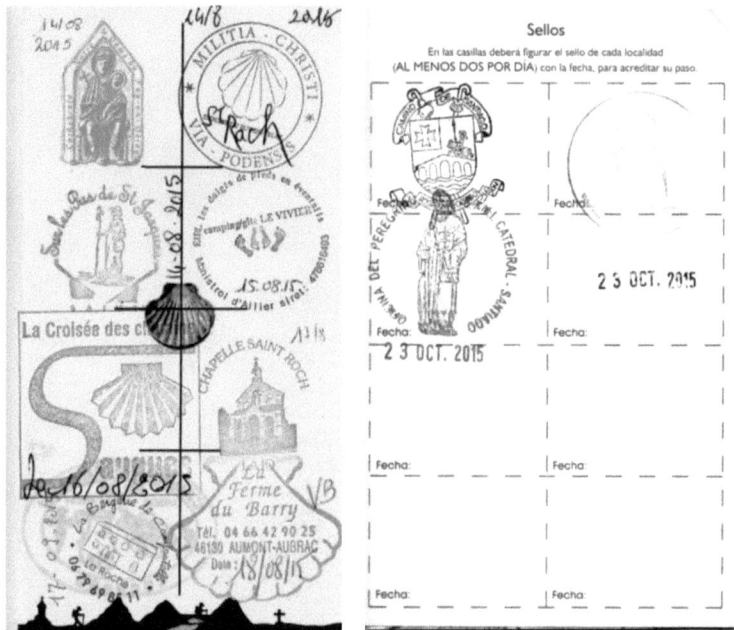

La première et la dernière page de ma Credential

La credential, « passeport du pèlerin », est l'héritière de la lettre que l'évêque remettait traditionnellement à ceux qui souhaitaient entreprendre le pèlerinage vers Saint-Jacques-de-Compostelle. Cette lettre de créance attestait la condition de pèlerin de celui qui la détenait, invitant les autorités diverses, l'Église et tous les hommes rencontrés en chemin à lui offrir aide et protection. Elle permettait de distinguer les véritables pèlerins de ceux qui prenaient la route pour fuir leur famille ou leurs devoirs militaires… En 1958, la Société française des Amis de Saint-Jacques a réinstauré la pratique de la délivrance de la lettre de créance, afin que les pèlerins ne soient pas confondus avec des vagabonds.

Aujourd'hui, elle invite au respect des personnes qui vous accueillent et des règles de fonctionnement des hébergements. Elle est nécessaire pour accéder à de nombreux hébergements en France, et plus encore en Espagne.

La credential est personnelle mais non limitée dans le temps. Vous pouvez faire tamponner votre « carnet du pèlerin » à chaque étape par votre hébergeur, un office de tourisme, le prêtre de la paroisse, la mairie ou la gendarmerie.

Capitulum huius Almae Apostolicae et Metropolitanae Ecclesiae Compostellanae, sigilli Altaris Beati Iacobi Apostoli custos, ut omnibus Fidelibus et Peregrinis ex toto terrarum Orbe, devotionis affectu vel voti causa, ad Limina SANCTI IACOBI, Apostoli Nostri, Hispaniarum Patroni et Tutelaris convenientibus, authenticas visitationis litteras expediat, omnibus et singulis praesentes inspecturis, notum facit, Dnam

Joëlle Thibaud

hoc sacratissimum templum, perfecto Itinere sive pedibus sive equitando post postrema centum milia metrorum, birota vero post ducenta, pietatis causa, devote visitasse. In quorum fidem praesentes litteras, sigillo eiusdem Sanctae Ecclesiae munitas, ei confert.

Datum Compostellae die 23 mensis Octobris anno Dni 2015

Segundo L. Pérez López
Decanus SAME Cathedralis Compostellanae

La **compostela** est un certificat de pèlerinage, rédigé en latin, qui est remis au pèlerin à son arrivée à Compostelle par le Bureau des pèlerinages pour attester qu'il a fait le pèlerinage de Saint-Jacques-de-Compostelle. Ce certificat se rattache à la tradition médiévale qui voulait qu'un pèlerin rapportât un témoignage de son arrivée au sanctuaire.

Nbr de jours de marche	Dates		Etapes	Nbr de km	Gîtes	
	Jeudi	13-août	Nantes - Le Puy en Velay en TRAIN		Accueil St François	
1	Vendredi	14-août	Le Puy en Velay - Montbonnet	16	L'Escole	mauvais accueil - punaises de lit
2	Samedi	15-août	Montbonnet - Monistrol d'Allier	14,5	Centre d'Accueil (camping)	Gite repris en juillet par gérante du Camping
3	Dimanche	16-août	Monistrol d'Allier - Saugues	12	A la Croisée des Chemins - Donativo	Très bon gite - Accueil parfait
4	Lundi	17-août	Saugues - La Roche de Lajo	26	La Bergerie de Compostelle	Très bon gite - Bon accueil - Bon repas
5	Mardi	18-août	La Roche de Lajo - Aumont Aubrac	21,5	La Ferme du Barry	Gite moyen au niveau literie
6	Mercredi	19-août	Aumont Aubrac - Finieyrols	16,3	Les Gentianes	Bon gite
7	Jeudi	20-août	Finieyrols - Aubrac	19,7	Tour des Anglais	Très rustique
8	Vendredi	21-août	Aubrac - St Côme d'Olt	24	Gite Communal	Bon gite mais bruyant (fête au village)
9	Samedi	22-août	St Côme d'Olt - Estaing	18,5	Hospitalité St Jacques - Donativo	Bon gite
10	Dimanche	23-août	Estaing - Le Soulié	21,2	Accueil St Jacques - Donativo	Bon gite
11	Lundi	24-août	Le Soulié - Conques	15,3	Gite Communal	Gite moyen
12	Mardi	25-août	Conques - Livinhac-le-Haut	24	Gite Communal	Très bon gite - la guerre aux punaises
13	Mercredi	26-août	Livinhac-le-Haut - Figeac	25	Accueil St Joseph	Gite très moyen
14	Jeudi	27-août	Figeac - Gréalou	20,5	Gite Les volets blancs (Mme Treuil)	Très bon gite - Accueil parfait
15	Vendredi	28-août	Gréalou - Mas del Pech	19,3	Les deux pigeonniers	Bon gite - Accueil moyen - Repas obligatoire
16	Samedi	29-août	Mas del Pech - Varaire	15,7	Les Clos des Escoutilles	Très bon gite - Accueil parfait
17	Dimanche	30-août	Varaire - Le Pech	19,7	Gite d'étape Rando Epate Mme Latour	Gite moyen
18	Lundi	31-août	Le Pech - Les Mathieux	16,3	Les Mathieux	Bon gite mais punaises de lit
19	Mardi	01-sept	Les Mathieux - Lascabanes	15	Le nid des anges	Très bon gite - Accueil parfait
20	Mercredi	02-sept	Lascabanes - Montlauzun	19,5	Ancien Presbytere	Bon gite
21	Jeudi	03-sept	Montlauzun - Dufort-Lacapelette	17,5	Gite du Soleil levant	Bon gite - peut-être des punaises
22	Vendredi	04-sept	Dufort-Lacapelette - Moissac	14,5	Ancien Carmel	Gite moyen
23	Samedi	05-sept	Moissac - Espalay	18,5	Le Par'Chemin - Donativo	Gite moyen mais sympa (lit dans le grenier)
24	Dimanche	06-sept	Espalay - Castet Arrouy	24,5	Gite communal 18€ avec PD	Bon gite
25	Lundi	07-sept	Castet Arrouy - Marsolan	18,5	Le Bourdon	Gite confortable avec une belle cour ensoleillée
26	Mardi	08-sept	Marsolan - Condom	25,5	Le Champs d'étoiles	Bon gite
27	Mercredi	09-sept	Condom - Montréal du Gers	19	Le Coulomé	Caravane - bien
28	Jeudi	10-sept	Montréal - Sauboires	22,1	Gite Associatif 10 €.	Bon gite
29	Vendredi	11-sept	Sauboires - Lanne Soubiran	21,5	Maison Labarbe	Bon gite - Bon accueil
30	Samedi	12-sept	Lanne Soubiran - Barcelonne sur Gers	16	La Bastide du Cosset	Bon gite - Bon accueil
31	Dimanche	13-sept	Barcelonne - Miramont Sensacq	20,7	Gite communal 12€ la nuit&DP Donativo	Bon gite - Bon accueil - apéro
32	Lundi	14-sept	Miramont Sensacq - Arzacq	13,8	Centre d'accueil 11€ cuisine.	Bon gite
33	Mardi	15-sept	Arzacq - Pomps	19,4	Gite communal	Gite surprenant (dans les douches salle de sport)
34	Mercredi	16-sept	Pomps - Abbaye de Sauvelade	26,7	Gite Le P'tit Laa 10 € petite epicerie	Bon gite - Accueil moyen
35	Jeudi	17-sept	Abbaye de Sauvelade - Navarrenx	11,9	Camping Beau Rivage Chalet 4p	Chalet sympa mais petit
36	Vendredi	18-sept	Navarrenx - Aroue	18,5	Bellevue 2ch de 2 p. Epicerie	Gite moyen
37	Samedi	19-sept	Aroue - Ostabat	23	Ospitalia 1 ch de 4.	Gite moyen mais propriétaire plutôt sympa
38	Dimanche	20-sept	Ostabat - St Jean P de P	21	L'Esprit du Chemin 1ch 4p 20 € avec PD	Bon gite
			En France	732,6		

CHEMIN DE COMPOSTELLE - Le Puy en Velay / Santiago - 14 août / 23 octobre 2015

Nbr de jours de marche	Dates		Etapes	Nbr de km	Gites	
39	Lundi	21-sept	St Jean P de P - Roncesvalles	24,9	Collégiale	Bon gîte
40	Mardi	22-sept	Roncesvalles - Zubiri	21,9	Refuge Municipal	Gîte moyen - panne d'eau
41	Mercredi	23-sept	Zubiri - Pampelune	20,8	Jésus y Maria	Très beau gîte ancienne église-très confortable
42	Jeudi	24-sept	Pampelune - Puente la Reina	23,6	Padres Reparadores	Bon gîte
43	Vendredi	25-sept	Puente la Reina - Estella	22,8	Association ANFAS	Bon gîte
44	Samedi	26-sept	Estella - Los Arcos	21,4	Refuge Municipal Isaac Santiago	Gîte moyen
45	Dimanche	27-sept	Los Arcos - Viana	19,1	Refuge Paroissial	Bon gîte mais sur matelas au sol
46	Lundi	28-sept	Viana - Navarrete	22,4	El Cantaro	Bon gîte avec accueil aléatoire ....
47	Mardi	29-sept	Navarrete - Azofra	23,6	Refuge municipal + paroissial	Bon gîte avec box de 2 lits
48	Mercredi	30-sept	Azofra - Granon	22	Refuge paroissial dans une église	Gîte Bon et sympa + sangria à l'arrivée
49	Jeudi	01-oct	Granon - Tosantos	21	Refuge paroissial	Gîte moyen ++ avec punaises de lit
50	Vendredi	02-oct	Tosantos - Agès	23,6	El Pajar de Agès - Gîte privé	Bon gîte
51	Samedi	03-oct	Agès - Burgos - Rabé de las Calzadas	37	Gîte privé	Bon gîte
52	Dimanche	04-oct	Rabé de las Calzadas - Hontanas	18,6	Albergue El puntido	Bon gîte
53	Lundi	05-oct	Hontanas - Boadilla del Camino	28,7	Albergue En el Camino	Bon gîte avec sculpture dans la cour intérieure
54	Mardi	06-oct	Boadilla del Camino - Carrion de los Conde	26,3	Espiritu Santo	Bon gîte chez des religieuses
55	Mercredi	07-oct	Carrion de los Condes - Terradilos de los T	26,3	Albergue Jacques de Molay	Bon gîte
56	Jeudi	08-oct	Terradillos de los Templarios - Bercianos de	24,2	Ref Parois. Casa Rectoral - Donativo	Bon gîte
57	Vendredi	09-oct	Bercianos del Rea Camino - Mansilla de las	26,5	Ref Municipal	Bon gîte
58	Samedi	10-oct	Mansilla de las Mulas - Léon - Virgen del C.	27,1	Ref Parois. Karl Leisner	Bon gîte
59	Dimanche	11-oct	Virgen del Camino - Hospital de Orbigo	28	Ref Parois. Karl Leisner	Très bon gîte
60	Lundi	12-oct	Hospital de Orbigo - Murias de Rechivaldo	22	Albergue las Aguedas	Gîte moyen
61	Mardi	13-oct	Murias de Rechivaldo - Rabanal del Camino	15,7	Gaucelmo Confrérie anglaise St James	Très bon gîte
62	Mercredi	14-oct	Rabanal del Camino - Molinaseca	26,1	RP Santa Marina	Très bon gîte
63	Jeudi	15-oct	Milinaseca - Cacabelos	22,2	Santuario de la Quinta Augustia Municipal	Bon gîte original box 2 lits autour d'une église
64	Vendredi	16-oct	Cacabelos - Vega Valcarce	25,6	RP Santa Maria Magdalena	Gîte moyen
65	Samedi	17-oct	Vega Valcarce - Fonfria	24,3	RP A. Reboleira	Bon gîte mais punaises de lit
66	Dimanche	18-oct	Fonfria - San Mamede	30,1	RP Paloma y Len	Très bon gîte
67	Lundi	19-oct	San Mamede - Portomarin - Gonzar	34,5	RP Casa Garcia	Bon gîte
68	Mardi	20-oct	Gonzar - Ponte Campana	21,6	RP Casa Domingo	Bon gîte
69	Mercredi	21-oct	Ponte Campana - Ribadiso da Baixo	21,6	RP Los Caminantes I	Bon gîte
70	Jeudi	22-oct	Ribadiso da Baixo - Pedrouzo	22,3	RP Porta de Santiago	Très bon gîte
71	Vendredi	23-oct	Pedrouzo - Santiago	21	Seminario menor Asuncion	Très bon gîte
	Samedi	24-oct	Santiago - Hendaye en TRAIN			
	Dimanche	25-oct	Hendaye - Bordeaux - Nantes en TRAIN			
			En Espagne	796,8		
			TOTAL	1529,4		